# 1
## 365

아침·낮·저녁에
만났을 때

🎈 안녕!
## Hi!
하이

KB009827

🎈 안녕하세요!
## Hello!
헬로우

🎈 안녕하세요! (아침 인사)
## Good morning!
굿 모닝

🎈 안녕하세요! (낮 인사)
## Good afternoon!
굿 애프터눈

🎈 안녕하세요! (밤 인사)
## Good evening!
굿 이브닝

# 365
# 365

비행기 안에서

🦢 탑승권을 보여 주시겠어요?
## May I have your ticket?
메아이 해뷰어 티킷

🦢 입국카드는 가지고 계십니까?
## Do you have an immigration card?
두 유 해번 이미그레이션 카드

🦢 이것이 세관신고서입니다.
## This is the customs declaration form.
디씨즈 더 커스텀스 디클러레이션 폼

🦢 인천에 언제 도착합니까?
## When do we land in Incheon?
웬 두 위 랜드 인 인천

🦢 제시간에 도착합니까?
## Are we arriving on time?
아 위 어라이빙 온 타임

🦢 목적지는 인천입니까?
## Is Incheon your destination?
이즈 인천 유어 데스터네이션

근황을 물을 때

🎈 어떻게 지내세요?

## How are you doing?

하와유 두잉

🎈 안녕, 어떻게 지내니?

## Hi, how are you?

하이 하와유

🎈 안녕하세요?

## How are you today?

하와유 투데이

🎈 기분 어떠세요?

## How are you feeling?

하와유 휠링

🎈 덕분에 잘 지냅니다. 당신은 어떠세요?

## I'm fine, thank you. And you?

아임 화인 쌩큐 앤드 유

🎈 별일 없으세요?

## Anything new?

애니씽 뉴

탑승수속을 할 때

🔊 대한항공 카운터는 어디입니까?
**Where's the Korean Airlines counter?**
웨어즈 더 코리언 에어라인스 카운터

🔊 여기서 체크인할 수 있습니까?
**Can I check-in here?**
캔 아이 체킨 히어

🔊 통로쪽[창쪽]으로 주세요.
**An aisle[A window] seat, please.**
언 아일[어 윈도우] 씨트 플리즈

🔊 탑승 개시는 몇 시부터입니까?
**When is the boarding time?**
웨니즈 더 보딩 타임

🔊 출국카드는 어디서 받습니까?
**Where can I get an embarkation card?**
웨어 캔 아이 게런 엠바케이션 카드

🔊 꼭 그 비행기를 타야 합니다.
**I must catch the flight.**
아이 머스트 캐치 더 플라잇

**안색을 살필 때**

💡 좋아 보이네요.
### You look great.
유 룩 그뤠잇ㅌ

💡 전보다 훨씬 좋아 보이네요.
### You look better than ever (before).
유 룩 베러 댄 에버 (비포)

💡 피곤해 보이네요.
### You look tired.
유 룩 타이어드

💡 창백해 보이네요.
### You look pale.
유 룩 페일

💡 기운이 없어 보이네요.
### You look depressed.
유 룩 디프레숫ㅌ

💡 어디 아프세요?
### What's the matter with you?
왓츠 더 매러 위듀

🎤 공항까지 부탁합니다.
**To the airport, please.**
투 디 에어포트 플리즈

🎤 짐은 몇 개입니까?
**How many pieces of baggage?**
하우 메니 피시접 배기쥐

🎤 공항까지 어느 정도 걸립니까?
**How long will it take to get to the airport?**
하우 롱 윌 잇 테익투 겟투 디 에어포트

🎤 공항까지 대충 얼마입니까?
**What is the approximate fare to the airport?**
와리즈 더 어프로씨메이트 페어 투 디 에어포트

🎤 빨리 가 주세요. 늦은 거 같네요.
**Please hurry. I'm late, I am afraid.**
플리즈 허리 아임 레이트 아이 엠 어프레이드

🎤 어느 항공사입니까?
**Which airlines?**
위치 에어라인스

# 4

---

# 365

## 처음 만났을 때의 인사

---

🎈 처음 뵙겠습니다.
**How do you do?**
하우 두 유 두

🎈 만나서 반갑습니다.
**Nice to meet you.**
나이스 투 미츄

🎈 알게 되어 기쁩니다.
**I'm glad to know you.**
아임 글래드 투 노우 유

🎈 만나 뵙게 되어 대단히 반갑습니다.
**I'm very glad to meet you.**
아임 베리 글래드 투 미츄

🎈 만나 뵙게 되어 영광입니다.
**I'm honored to meet you.**
아임 아너드 투 미츄

🎈 제가 오히려 반갑습니다.
**The pleasure is mine.**
더 플레져 이즈 마인

항공편을 변경 및
취소할 때

🔊 일정을 변경하고 싶은데요.
**I want to change the flight.**
아이 원투 체인쥐 더 플라이트

🔊 죄송합니다만, 비행편을 변경하고 싶은데요.
**Excuse me, I want to change the flight.**
익스큐즈 미 아이 원투 체인쥐 더 플라이트

🔊 오후 비행기로 변경하고 싶습니다.
**I'd like to change it to an afternoon flight.**
아이드 라익투 체인짓 투 언 애프터눈 플라이트

🔊 미안합니다, 그 편은 다 찼습니다.
**I'm sorry, but that flight is fully booked up.**
아임 쏘리 벗 댓 플라이트 이즈 풀리 북텁

🔊 웨이팅(대기자)으로 해 주시겠어요?
**Would you put my name on the waiting list?**
우쥬 풋 마이 네임 온 더 웨이팅 리스트

🔊 어느 정도 기다려야 할까요?
**How long do we have to wait?**
하우 롱 두 위 햅투 웨잇

# 5
## 365

이름을 묻고
답할 때

🎈 이름이 어떻게 되죠?
**What's your name?**
왓츠 유어 네임

🎈 성함이 어떻게 되십니까?
**May I have your name?**
메이 아이 해뷰어 네임

🎈 성함을 여쭤 봐도 될까요?
**Your name, please.**
유어 네임 플리즈

🎈 성은 홍입니다.
**My family name is Hong.**
마이 훼밀리 네이미스 홍

🎈 그냥 수라고 불러 주세요.
**Please just call me Sue.**
플리즈 저슷ㅌ 콜 미 수

🎈 이름이 뭐라고 하셨죠?
**What is your first name, please?**
왓 이즈 유어 훠슷ㅌ 네임 플리즈

예약을
재확인할 때

🔊 예약 재확인을 하고 싶은데요.
**I want to reconfirm my reservation.**
아이 원투 리컨펌 마이 레저베이션

🔊 몇 시에 출발하는지 확인하고 싶은데요.
**I want to make sure what time it's leaving.**
아이 원투 메이크 슈어 왓 타임 잇츠 리빙

🔊 2등석[1등석]을 부탁합니다.
**Economy-class[first-class], please.**
이코너미 클래스[퍼스트 클래스] 플리즈

🔊 예약을 재확인했습니다.
**You're reconfirmed.**
유어 리컨펌드

🔊 확인해보겠습니다.
**I'll check.**
아윌 체크

# 6
## 365

이야기를 들었거나
낯익은 사람을
만났을 때

♥ 전에 만난 적 있지 않나요?
**Haven't we met before?**
해븐트 위 멧 비훠

♥ 말씀 많이 들었습니다.
**I've heard so much(= a lot) about you.**
아이브 헐드 쏘 머취(= 어 랏) 어바웃 유

♥ 밀러 씨가 당신 이야기를 많이 하더군요.
**Mr. Miller often speaks of you.**
미스터 밀러 오흔 스픽써브 유

♥ 만나 뵙고 싶었습니다.
**I wanted to see you.**
아이 원티 투 씨 유

♥ 당신 낯이 익은데요.
**You look familiar.**
유 룩 훠밀리어

♥ 어디선가 본 듯하군요.
**I recognize you from somewhere.**
아이 레커그나이쥬 프롬 썸웨어

**귀국편을
예약할 때**

🎤 예약은 어디서 합니까?

**Where can I make a reservation?**

웨어 캔 아이 메이커 레저베이션

🎤 내일 비행편을 예약할 수 있습니까?

**Can you book us tomorrow's flight?**

캔 유 북 어스 터마로우스 플라이트

🎤 가능한 한 빠른 편이 좋겠군요.

**I want to fly as soon as possible.**

아이 원투 플라이 애즈 쑨 애즈 파서블

🎤 다른 비행편은 없습니까?

**Do you have any other flights?**

두 유 햅에니 아더 플라이츠

🎤 직행편입니까?

**Is it a direct flight?**

이즈 이러 다이렉트 플라이트

# 7
## 365

오랜만의
만남일 때

💬 오랜만입니다.
**Long time no see.**
롱 타임 노 씨

💬 오랜만입니다. 그렇죠?
**It's been a long time, hasn't it?**
잇츠 빈 어 롱 타임 해즌트 잇

💬 여전하군요.
**You haven't changed at all.**
유 해븐트 체인쥐드 엣 올

💬 당신 몰라보게 변했군요.
**You've changed a lot.**
유브 체인쥐드 어 랏

💬 참 오랜만이군요.
**You've been quite a stranger.**
유브 빈 콰이러 스트레인저

**면세점에서**

🎤 면세점은 어디에 있습니까?

## Where's a duty free shop?
웨어저 듀티프리 샵

🎤 얼마까지 면세가 됩니까?

## How much duty free can I buy?
하우 마취 듀티프리 캔 아이 바이

🎤 어느 브랜드가 좋겠습니까?

## What brand do you suggest?
왓 브랜드 두 유 서제스트

🎤 이 가게에서는 면세로 살 수 있습니까?

## Can I buy things duty free here?
캔 아이 바이 씽스 듀티프리 히어

🎤 여권을 보여 주시겠어요?

## May I have your passport, please?
메아이 해뷰어 패스포트 플리즈

🎤 비행기를 타기 전에 수취하십시오.

## Receive before boarding.
리시브 비포 보딩

우연히 만났을 때

🎈 아니 이게 누구세요!
### Look who's here!
룩 후즈 히어

🎈 이게 누구야!
### What a pleasant surprise!
와러 플레즌트 서프라이즈

🎈 세상 정말 좁군요!
### What a small world!
와러 스몰 월드

🎈 여기서 당신을 만나다니 뜻밖이군요.
### It's a pleasant surprise to see you here.
잇쳐 플레즌트 서프라이즈 투 씨 유 히어

🎈 여기에 어쩐 일로 오셨어요?
### What brings you here?
왓 브링스 유 히어

🎈 우리 전에 만난 적이 있지 않습니까?
### We've met before, right?
위브 멭 비훠 롸잇

반품·환불을
원할 때

🔖 어디로 가면 됩니까?

**Where should I go?**

웨어 슈다이 고

🔖 반품하고 싶은데요.

**I'd like to return this.**

아이드 라익투 리턴 디스

🔖 아직 쓰지 않았습니다.

**I haven't used it at all.**

아이 해븐트 유스팃 앳롤

🔖 가짜가 하나 섞여 있었습니다.

**I found a fake included.**

아이 파운더 훼이크 인클루디드

🔖 영수증은 여기 있습니다.

**Here is a receipt.**

히어리저 리씨트

🔖 수리해 주시든지 환불해 주시겠어요?

**Could you fix it or give me a refund?**

쿠쥬 픽싯 오어 깁미 어 리펀드

# 9

## 365

상대방의 안부를
물을 때

🎈 어떻게 지내셨습니까?
**How have you been (doing)?**
하우 해뷰 빈 (두잉)

🎈 어떻게 지내셨습니까?
**What have you been up to?**
왓 해뷰 빈 업 투

🎈 요즘 어떻게 지내고 계세요?
**How have you been getting along lately?**
하우 해뷰 빈 게링 얼롱 레잇트리

🎈 대체 어디서 지내셨어요?
**Where in the world have you been?**
웨어 인 더 월드 해뷰 빈

🎈 도대체 그동안 어디서 지내셨어요?
**Where on earth have you been hiding yourself?**
웨어 온 어쓰 해뷰 빈 하이딩 유어쎌ㅎ

# 357
## 365

### 교환을 원할 때

🔖 이걸 교환해 주시겠어요?
**Can I exchange this?**
캔 아이 익스체인쥐 디스

🔖 다른 것으로 바꿔 주시겠어요?
**Can I exchange it for another one?**
캔 아이 익스체인쥐 잇 포 어나더 원

🔖 깨져 있습니다.
**It's broken.**
잇츠 브로컨

🔖 찢어져 있습니다.
**It's ripped.**
잇츠 립트

🔖 사이즈가 안 맞았어요.
**This size doesn't fit me.**
디스 싸이즈 더즌트 핏미

🔖 여기에 얼룩이 있습니다.
**I found a stain here.**
아이 파운더 스테인 히어

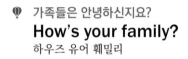

# 10
## 365

타인의 안부를
물을 때

💡 가족들은 안녕하신지요?
**How's your family?**
하우즈 유어 훼밀리

💡 가족들은 모두 잘 있습니까?
**How's everybody at your house?**
하우즈 에브리바디 엣 유어 하우스

💡 부모님께서는 평안하신지요?
**How are your parents?**
하 와 유어 페어런츠

💡 모두들 잘 지내시는지요?
**How's everyone getting along?**
하우즈 에브리원 게링 얼롱

💡 존은 어떻게 됐어요?
**What happened to John?**
왓 해픈 투 존

💡 그는 어떻게 지내고 있지요?
**How's he getting along these days?**
하우즈 히 게링 얼롱 디즈 데이즈

# 356
---
# 365

배송을 원할 때

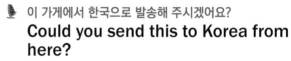

🎙 이 가게에서 한국으로 발송해 주시겠어요?

**Could you send this to Korea from here?**

쿠쥬 센드 디스 투 코리어 프럼 히어

🎙 한국 제 주소로 보내주시겠어요?

**Could you send it to my address in Korea?**

쿠쥬 센딧 투 마이 어드레스 인 코리어

🎙 항공편[선편]으로 부탁합니다.

**By air mail[sea mail], please.**

바이 에어 메일[씨 메일] 플리즈

🎙 한국까지 항공편으로 며칠 정도 걸립니까?

**How long does it take to reach Korea by air mail?**

하우 롱 더짓 테익투 리춰 코리어 바이 에어 메일

🎙 항공편으로 얼마나 듭니까?

**How much does it cost by air mail?**

하우 마춰 더짓 코스트 바이 에어 메일

헤어질 때

🎈 안녕.
**Bye.**
바이

🎈 안녕히 가세요.
**Good bye.**
굿 바이

🎈 그럼, 이만.
**So long.**
쏘 롱

🎈 안녕히 계세요. / 살펴 가세요.
**Take care.**
테익 케어

🎈 재미있게 보내!
**Enjoy yourself!**
인죠이 유어쎌ㅎ

# 355 / 365

## 배달을 원할 때

🎤 이걸 ○○호텔까지 갖다 주시겠어요?
**Could you send this to ○○Hotel?**
쿠쥬 센드 디스 투 ○○호텔

🎤 언제 배달해 주시겠습니까?
**When would it arrive?**
웬 우딧 어라이브

🎤 별도로 요금이 듭니까?
**Is there an extra charge for that?**
이즈 데어런 엑스트러 챠지 포 댓

🎤 이 카드와 함께 보내주세요.
**I'd like to send it with this card.**
아이드 라익투 센딧 위디스 카드

🎤 이 주소로 보내주세요.
**Please send it to this address.**
플리즈 센딧 투 디스 어드레스

# 12
## 365

다시 만날 약속을
할 때

💡 나중에 보자.
## Catch you later.
캐취 유 레이러

💡 내일 봐요.
## See you tomorrow.
씨 유 투마로우

💡 또 만납시다.
## See you again.
씨 유 어겐

💡 또 봅시다!
## I'll be seeing you!
아윌 비 씽잉 유

💡 다음에 뵙겠습니다.
## See you later.
씨 유 레이러

💡 다음에 또 봅시다!
## I'll see you later!
아윌 씨 유 레이러

포장을 원할 때

🍂 봉지를 주시겠어요?

**Could I have a bag?**

쿠다이 해버 백

🍂 이걸 선물용으로 포장해 주시겠어요?

**Can you gift-wrap this?**

캔 유 기프트랩 디스

🍂 따로따로 포장해 주세요.

**Please wrap them separately.**

플리즈 랩 뎀 세퍼레이틀리

🍂 이거 넣을 박스 좀 얻을 수 있나요?

**Is it possible to get a box for this?**

이짓 파서블 투 게러 박스 포 디스

🍂 이거 포장할 수 있나요? 우편으로 보내고 싶은데요.

**Can you wrap this up? I want to send it in the mail.**

캔 유 랩 디썹 아이 원투 센딧 인 더 메일

# 13
## 365

안부를 전할 때

♥ 당신 아내에게 안부 좀 전해 주세요.
**Please give my regards to your wife.**
플리즈 깁 마이 리가즈 투 유어 와잎ㅎ

♥ 물론 그럴게요.
**Sure. I will.**
슈어 아이 윌

♥ 당신 가족에게 안부 좀 전해 주세요.
**Say hello to your family.**
쎄이 헬로 투 유어 훼밀리

♥ 가족에게 안부 좀 전해 주세요.
**Please give my regards to your family.**
플리즈 깁 마이 리가즈 투 유어 훼밀리

♥ 아무쪼록 가족에게 안부 부탁합니다.
**Send my regards to your family.**
센드 마이 리가즈 투 유어 훼밀리

♥ 그녀를 늘 생각하고 있다고 전해 주세요.
**Tell her I'm thinking of her.**
텔 허 아임 씽킹 어브 허

**구입을 결정하고
계산할 때**

🎤 이걸로 하겠습니다.
## I'll take this.
아윌 테익디스

🎤 어디서 계산을 하죠?
## Where do I pay?
웨어 두 아이 페이

🎤 이것도 좀 계산해 주시겠어요?
## Will you add these up for me?
윌 유 애드 디접 포 미

🎤 아참, 이 셔츠도 계산에 넣어 주세요.
## Oh, and add in this shirt.
오 앤 애드 인 디스 셔츠

🎤 거스름돈이 모자라는 것 같군요.
## I think I was shortchanged.
아이 씽크 아이 워즈 숏체인쥐드

🎤 거스름돈을 더 주셨습니다.
## You gave me too much change.
유 게이브 미 투 마취 체인쥐

# 14
## 365
**배웅할 때**

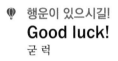

💡 행운이 있으시길!
**Good luck!**
굿 럭

💡 즐겁게 다녀오세요.
**I hope you'll have a pleasant journey.**
아이 호프 유월 해버 플레즌트 줘니

💡 잘 다녀오세요. 멋진 여행이 되길 바랍니다.
**Good-bye. I hope you have a nice trip.**
굿-바이 아이 호퓨 해버 나이스 트립

💡 즐거운 여행이 되길.
**Enjoy your trip.**
인죠이 유어 트립

💡 빨리 돌아와. 네가 보고 싶을 거야.
**Please come back soon. I'll miss you.**
플리즈 컴 백 순 아월 미쓰 유

💡 안녕히. 재미있게 지내세요.
**Good-bye. Have a nice time.**
굿-바이 해버 나이스 타임

값과 지불방법을
물을 때

🔊 이건 얼마입니까?
## How much is this?
하우 마취 이즈 디스

🔊 하나에 얼마입니까?
## How much for one?
하우 마취 포 원

🔊 전부 해서 얼마나 됩니까?
## How much is it all together?
하우 마취 이짓 올 투게더

🔊 세금이 포함된 가격입니까?
## Does it include tax?
더짓 인클루드 텍스

🔊 지불은 어떻게 하시겠습니까?
## How would you like to pay?
하우 우쥬 라익투 페이

🔊 카드도 됩니까?
## May I use a credit card?
메아이 유저 크레딧 카드

# 15
## 365

자신을 상대방에게
소개할 때

- 제 소개를 할까요?
  **May I introduce myself?**
  메이 아이 인트로듀스 마이쎌ㅎ

- 제 소개를 하겠습니다.
  **I'd like to introduce myself.**
  아이드 라익 투 인트로듀스 마이쎌ㅎ

- 저는 박입니다. 잘 부탁합니다.
  **I'm Mr. Park. I'm at your service.**
  아임 미스터 박 아임 엣 유어 서비스

- 제 소개를 하도록 하겠습니다.
  **Perhaps I should introduce myself.**
  퍼헵스 아이 슈드 인트로듀스 마이쎌ㅎ

- 먼저, 제 소개를 하도록 하겠습니다.
  **First of all, let me introduce myself.**
  휘숫트 어브올 렛 미 인트로듀스 마이쎌ㅎ

🎙 너무 비쌉니다.

**It's too expensive.**

잇츠 투 익스펜시브

🎙 깎아 주시겠어요?

**Can you give a discount?**

캔 유 기버 디스카운트

🎙 더 싼 것은 없습니까?

**Anything cheaper?**

에니씽 취퍼

🎙 더 싸게 해 주실래요?

**Will you take less than that?**

윌 유 테이크 레스 댄 댓

🎙 깎아 주면 사겠습니다.

**If you discount I'll buy.**

이퓨 디스카운트 아월 바이

🎙 현금으로 지불하면 더 싸게 됩니까?

**Do you give discounts for cash?**

두 유 깁 디스카운츠 포 캐쉬

자신에 대해
구체적으로
소개할 때

💡 저는 ABC회사에서 일하고 있는 탐 스미스입니다.
**I'm Tom Smith from ABC company.**
아임 탐 스미스 흐롬 에이비씨 컴퍼니

💡 안녕하십니까, 제 이름은 홍길동입니다. 저는 한국에서 왔습니다.
**Hello, my name's Kil-dong Hong. I'm from Korea.**
헬로우 마이 네임즈 길-동 홍 아임 흐롬 코리아

💡 저는 한국의 서울에서 왔습니다.
**I'm from Seoul, Korea.**
아임 흐롬 서울 코리아

💡 저는 미국 시민권자입니다.
**I'm a citizen of America.**
아임 어 시디즌 어브 어메리카

💡 저는 한국에서 태어났으나 미국 시민권자입니다.
**I was born in Korea. But, I'm a citizen of America.**
아이 워즈 본 인 코리아 벗 아임 어 시디즌 어브 어메리카

💡 저는 귀화한 미국인입니다.
**I'm a naturalized American.**
아임 어 내츄럴라이즈드 어메리칸

# 350
## 365

품질을 물을 때

🔊 재질은 무엇입니까?
**What's this made of?**
왓츠 디스 메이덥

🔊 미국제품입니까?
**Is this made in the U.S.A?**
이즈 디스 메이딘 더 유 에스 에이

🔊 질은 괜찮습니까?
**Is this good quality?**
이즈 디스 굿 퀄러티

🔊 이건 실크 100%입니까?
**Is this 100%(a hundred percent) silk?**
이즈 디스 어 헌드레드 퍼센트 실크

🔊 이건 수제품입니까?
**Is this hand-made?**
이즈 디스 핸드 메이드

🔊 이건 무슨 향입니까?
**What's this fragrance?**
왓츠 디스 프래그런스

# 17

## 365

**다른 사람을 소개할 때의 기본 표현**

♥ 두 분이 서로 인사 나누셨습니까?
**Have you met each other?**
해뷰 멧 이춰 아더

♥ 김 씨, 밀러 씨하고 인사 나누세요.
**Mr. Kim, meet Mr. Miller.**
미스터 김 밋 미스터 밀러

♥ 이쪽은 제 동료인 토마스 씨입니다.
**This is a colleague of mine, Mr. Thomas.**
디스 이즈 어 칼리그 어브 마인 미스터 토마스

♥ 제 친구 존슨을 소개하겠습니다.
**Let me introduce my friend, Mr. Johnson.**
렛 미 인트로듀스 마이 프렌드, 미스터 존슨

♥ 존슨이 당신에 대해 자주 말씀하셨습니다.
**Mr. Johnson often speaks of you.**
미스터 존슨 오흔 스픽스 어뷰

♥ 오래전부터 한번 찾아뵙고 싶었습니다.
**I've been wanting to see you for a long time.**
아이브 빈 원닝 투 씨 유 훠러 롱 타임

**사이즈가 맞지
않을 때**

🔊 이 재킷은 제게 맞지 않습니다.
**This jacket doesn't fit me.**
디스 재킷 더즌트 핏 미

🔊 조금 큰 것 같군요.
**It seems to be a little too big.**
잇 씸즈 투 비 어 리틀 투 빅

🔊 너무 큽니다.
**It's too big.**
잇츠 투 빅

🔊 너무 헐렁합니다.
**It's too loose.**
잇츠 투 루즈

🔊 너무 적습니다.
**It's too small.**
잇츠 투 스몰

🔊 너무 꽉 낍니다.
**It's too tight.**
잇츠 투 타이트

# 18
## 365

상대방을 알기
위한 질문 표현

💬 어디서 오셨습니까?
**Where are you from?**
웨어 아 유 흐롬

💬 국적이 어디시죠?
**What's your nationality?**
왓츠 유어 내셔낼러티

💬 일본에서 오셨습니까?
**Are you from Japan?**
아 유 흐롬 저팬

💬 당신은 한국인입니까?
**Are you Korean?**
아 유 코리안

💬 이름이 어떻게 되십니까?
**What's your name, please?**
왓츠 유어 네임 플리즈

💬 당신 친구의 이름은 무엇입니까?
**What's your friend's name?**
왓츠 유어 프렌스 네임

사이즈를 고를 때

🔊 어떤 사이즈를 찾으십니까?
**What size are you looking for?**
왓 사이즈 아유 루킹 포

🔊 사이즈는 이것뿐입니까?
**Is this the only size you have?**
이즈 디스 디 온리 싸이즈 유 해브

🔊 제 사이즈를 모르겠는데요.
**I don't know my size.**
아이 돈트 노우 마이 싸이즈

🔊 사이즈를 재주시겠어요?
**Could you measure me?**
쿠쥬 메줘 미

🔊 더 큰 것은 있습니까?
**Do you have a bigger one?**
두 유 해버 비거 원

🔊 더 작은 것은 있습니까?
**Do you have a smaller one?**
두 유 해버 스몰러 원

# 19
## 365

고마울 때

♥ 감사합니다.
**Thank you.**
쌩큐

♥ 대단히 감사합니다.
**Thanks a lot.**
쌩쓰 어 랏

♥ 진심으로 감사드립니다.
**I heartily thank you.**
아이 하딜리 쌩큐

♥ 여러모로 감사드립니다.
**Thank you for everything.**
쌩큐 훠 에브리씽

♥ 어떻게 감사를 드려야 할지 모르겠어요.
**I don't know how I can ever thank you.**
아이 돈 노우 하우 아이 캔 에버 쌩큐

색상을 고를 때

🎤 무슨 색이 있습니까?
## What kind of colors do you have?
왓 카인돕 컬러즈 두 유 해브

🎤 너무 화려[수수]합니다.
## This is too flashy[plain].
디씨즈 투 플래쉬[플레인]

🎤 더 화려한 것은 있습니까?
## Do you have a flashier one?
두 유 해버 플래쉬어 원

🎤 이 색은 좋아하지 않습니다.
## I don't like this color.
아이 돈트 라이크 디스 컬러

🎤 감청색으로 된 것을 좀 볼 수 있겠습니까?
## May I see some dark-blue ones?
메아이 씨 썸 다크 블루 원스

🎤 무늬가 없는 것은 없습니까?
## Don't you have any plain color ones?
돈츄 햅에니 플레인 컬러 원스

# 20
## 365

친절과 수고에
대해 감사할 때

🎈 환대에 감사드립니다.
**Thank you for your hospitality.**
쌩큐 휘 유어 하스피탤리디

🎈 친절을 베풀어 주셔서 감사합니다.
**Thank you for your kindness.**
쌩큐 포 유어 카인드니스

🎈 그렇게 말씀해 주시니 고맙습니다.
**How nice of you to say so.**
하우 나이스 어뷰 투 쎄이 쏘

🎈 친절에 감사드립니다.
**It's very kind of you.**
잇츠 베리 카인드 어뷰

🎈 당신은 정말 사려 깊으시군요!
**How thoughtful of you!**
하우 쏘트훌 어뷰

🎈 당신에게 신세가 많았습니다.
**I owe you so much.**
아이 오 유 쏘 머취

## 물건을 보고 싶을 때

🐚 다른 것을 보여 주시겠어요?

**Can you show me another one?**

캔 유 쇼 미 어나더 원

🐚 잠깐 다른 것을 보겠습니다.

**I'll try somewhere else.**

아윌 트라이 썸웨어 엘스

🐚 이 물건 있습니까?

**Do you have this in stock?**

두 유 해브 디스 인 스탁

🐚 저희 상품들을 보여 드릴까요?

**May I show you our line?**

메아이 쇼 유 아워 라인

🐚 마음에 드는 게 없군요.

**I don't see anything I want.**

아이 돈트 씨 에니씽 아이 원트

🐚 그런 상품은 취급하지 않습니다.

**We don't carry that item.**

위 돈트 캐리 댓 아이템

# 21
## 365

도움이나 행동에
대해 감사할 때

🎈 도와주셔서 감사드립니다.
**Thank you very much for helping me.**
쌩큐 베리 머취 휘 헬핑 미

🎈 도와주셔서 감사합니다.
**Thank you for your help.**
쌩큐 휘 유어 헬프

🎈 가르쳐 줘서 감사합니다.
**Thank you for the tip.**
쌩큐 휘 더 팁

🎈 태워다 주셔서 감사합니다.
**Thank you for giving me a lift.**
쌩큐 휘 기빙 미 어 리홋ㅌ

🎈 여러모로 고려해 주셔서 정말 고맙게 생각합니다.
**I appreciate your consideration.**
아이 어프리시에잇ㅌ 유어 컨시더뤠이션

🎈 보답해 드릴 수 있었으면 좋겠어요.
**I hope I can repay you for it.**
아이 홒 아이 캔 리페이 유 휘릿

**물건을 찾을 때**

🎤 여기 잠깐 봐 주시겠어요?
## Hello. Can you help me?
헬로우 캔 유 헬프 미

🎤 블라우스를 찾고 있습니다.
## I'm looking for a blouse.
아임 루킹 포러 브라우스

🎤 운동화를 사고 싶은데요.
## I want a pair of sneakers.
아이 워너 페어 오브 스니커즈

🎤 아내에게 선물할 것을 찾고 있습니다.
## I'm looking for something for my wife.
아임 루킹 포 썸씽 포 마이 와이프

🎤 캐주얼한 것을 찾고 있습니다.
## I'd like something casual.
아이드 라이크 썸씽 캐주얼

🎤 선물로 적당한 것은 없습니까?
**Could you recommend something good for a souvenir?**
쿠쥬 레커멘드 썸씽 굿 포러 수버니어

감사의 선물을
줄 때

💡 자, 선물 받으세요.
## Here's something for you.
히얼즈 썸씽 훠 유

💡 당신에게 드리려고 뭘 사 왔어요.
## I bought something for you.
아이 밧트 썸씽 훠 유

💡 당신에게 줄 조그만 선물입니다.
## I have a small gift for you.
아이 해버 스몰 기훗트 훠 유

💡 이 선물은 제가 직접 만든 거예요.
## This gift is something I made myself.
디스 기훗티즈 썸씽 아이 메이드 마이쎌ㅎ

💡 대단치 않지만 마음에 들었으면 합니다.
## It isn't much but I hope you like it.
잇 이즌 머춰 벗 아이 호퓨 라이킷

💡 보잘것없는 것이지만 받아 주십시오.
## Kindly accept this little trifle.
카인들리 억셉트 디스 리틀 트라이흘

매장을 찾을 때

🦪 매장 안내소는 어디입니까?
**Where is the information booth?**
웨어리즈 디 인포메이션 부쓰

🦪 장난감은 어디서 팝니까?
**Where do they sell toys?**
웨어 두 데이 쎌 토이즈

🦪 남성복은 몇 층에 있습니까?
**Which floor is the men's wear on?**
위치 플로어 이즈 더 맨스 웨어 온

🦪 가장 가까운 식료품점은 어디에 있습니까?
**Where's the nearest grocery store?**
웨어즈 더 니어리슷 그로우서리 스토어

🦪 세일은 어디서 하고 있습니까?
**Who's having a sale?**
후즈 해빙 어 쎄일

감사의 선물을
받았을 때

💡 놀랐어요! 고맙습니다.

**What a nice surprise! Thank you very much.**

와러 나이스 서프라이즈 쌩큐 베리 머취

💡 멋진 선물 고맙습니다. 열어 봐도 될까요?

**Thanks for your nice present. May I open it?**

쌩즈 훠 유어 나이스 프레즌트 메이 아이 오프닛

💡 이건 바로 제가 갖고 싶었던 거예요.

**This is just what I wanted.**

디스 이즈 저슷트 와라이 원티드

💡 당신의 선물을 무엇으로 보답하죠?

**What shall I give you in return for your present?**

왓 쉘 아이 깁 유 인 리턴 훠유 프레즌트

💡 훌륭한 선물을 주셔서 대단히 고맙습니다.

**Thank you very much for your nice present.**

쌩큐 베리 머취 훠 유어 나이스 프레즌트

💡 고마워요. 이렇게까지 안 하셔도 되는데.

**Thank you, but you shouldn't have (done that).**

쌩큐 벗 유 슈든트 햅 (던 댓)

**쇼핑센터를
찾을 때**

🎤 쇼핑센터는 어디에 있습니까?

## Where's shopping mall?

웨어즈 샤핑 몰

🎤 이 도시의 쇼핑가는 어디에 있습니까?

## Where is the shopping area in this town?

웨어즈 더 샤핑 에어리어 인 디스 타운

🎤 쇼핑 가이드는 있나요?

## Do you have a shopping guide?

두 유 해버 샤핑 가이드

🎤 선물은 어디서 살 수 있습니까?

## Where can I buy some souvenirs?

웨어 캔 아이 바이 썸 수버니어스

🎤 면세점은 있습니까?

## Is there a duty-free shop?

이즈 데어러 듀티프리 샵

# 24
## 365

감사에 대해
응답할 때

🎈 천만에요.
### You're welcome.
유어 웰컴

🎈 천만에요.(강조)
### You're more than welcome.
유어 모어 댄 웰컴

🎈 원 별말씀을요. / 천만의 말씀입니다.
### Don't mention it.
돈트 멘셔닛

🎈 그렇게 말씀해 주시니 고맙습니다.
### It's very nice of you to say so.
잇츠 베리 나이스 어뷰 투 쎄이 쏘

🎈 제가 오히려 고맙죠.
### It was my pleasure.
잇 워즈 마이 플레져

🎈 제가 오히려 즐거웠습니다.
### The pleasure's all mine.
더 플레져즈 올 마인

**현상·인화를
부탁할 때**

🏄 필름은 있습니까?
## Do you have any film?
두 유 햅에니 필름

🏄 건전지는 어디서 살 수 있나요?
## Where can I buy a battery?
웨어 캔 아이 바이 어 배러리

🏄 이것을 현상해 주시겠어요?
## Could you develop this film?
쿠쥬 디벨러프 디스 필름

🏄 인화를 해 주시겠어요?
## Could you make copies of this picture?
쿠쥬 메이크 카피좁 디스 픽춰

🏄 언제 됩니까?
## When can I have it done by?
웬 캔 아이 해빗 던 바이

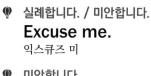

**25**
**365**

미안함을
표시할 때

🎈 실례합니다. / 미안합니다.
**Excuse me.**
익스큐즈 미

🎈 미안합니다.
**I'm sorry.**
아임 쏘리

🎈 정말 죄송합니다.
**I'm really sorry.**
아임 륄리 쏘리

🎈 대단히 죄송합니다.
**I'm very sorry.**
아임 베리 쏘리

🎈 저 죄송합니다만,
**I'm sorry to trouble you, but ~**
아임 쏘리 투 트러블류 벗

# 341
## 365

사진 촬영을
부탁할 때

🐦 제 사진을 찍어 주시겠어요?
**Would you take a picture of me?**
우쥬 테이커 픽쳐 옵미

🐦 저희들 사진 좀 찍어 주시겠어요?
**Would you please take a picture for us?**
우쥬 플리즈 테이커 픽쳐 포러스

🐦 한 장 더 부탁합니다.
**One more, please.**
원 모어 플리즈

🐦 나중에 사진을 보내 드리겠습니다.
**I'll send you the picture.**
아월 센듀 더 픽춰

🐦 주소를 여기서 적어 주시겠어요?
**Could you write your address down here?**
쿠쥬 라이츄어 어드레스 다운 히어

실례한다고
말할 때

💡 실례지만 미국분입니까?

**Excuse me, but are you from the United States?**

익스큐즈 미 벗 아 유 흐롬 디 유나이티드 스테잇츠

💡 실례지만 지나가도 될까요?

**Excuse me, please. May I get through?**

익스큐즈 미 플리즈 메이 아이 겟 쓰루

💡 말씀 중에 실례지만,

**Excuse me for interrupting you, but ~**

익스큐즈 미 포 인터럽팅 유 벗

💡 실례지만 성함을 여쭤도 될까요?

**Excuse me, but may I have your name?**

익스큐즈 미 벗 메이 아이 해뷰어 네임

💡 잠시 실례하겠습니다. 금방 돌아오겠습니다.

**Excuse me for just a moment. I'll be back soon.**

익스큐즈 미 휘 저슷터 모먼트 아월 비 백 순

### 사진 촬영을 허락받을 때

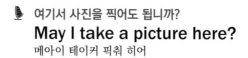

🌙 여기서 사진을 찍어도 됩니까?
**May I take a picture here?**
메아이 테이커 픽춰 히어

🌙 여기서 플래시를 터뜨려도 됩니까?
**May I use a flash here?**
메아이 유저 플래쉬 히어

🌙 비디오 촬영을 해도 됩니까?
**May I take a video?**
메아이 테이커 비디오

🌙 당신 사진을 찍어도 되겠습니까?
**May I take your picture?**
메아이 테이큐어 픽춰

🌙 함께 사진을 찍으시겠습니까?
**Would you take a picture with me?**
우쥬 테이커 픽춰 위드 미

사과의 이유를
말할 때

♥ 늦어서 미안합니다.
**I'm sorry for being late.**
아임 쏘리 휘 빙 레잇트

♥ 실례했습니다. 사람을 잘못 봤습니다.
**Excuse me. I got the wrong person.**
익스큐즈 미 아이 갓 더 롱 퍼슨

♥ 그 일에 대해서 미안하게 생각하고 있습니다.
**I feel sorry about it.**
아이 휠 쏘리 어바우릿

♥ 그 점에 대해서 미안합니다.
**I'm sorry about that.**
아임 쏘리 어바웃 댓

♥ 귀찮게 해서 미안합니다.
**I'm sorry to have to trouble you.**
아임 쏘리 투 햅 투 트러블류

♥ 오래 기다리게 해서 미안합니다.
**I'm sorry to make you wait so long.**
아임 쏘리 투 메익 유 웨잇 쏘 롱

### 관람을 할 때

🎤 이 티켓으로 모든 전시를 볼 수 있습니까?
**Can I see everything with this ticket?**
캔 아이 씨 에브리씽 위드 디스 티킷

🎤 무료 팸플릿은 있습니까?
**Do you have a free brochure?**
두 유 해버 프리 브로슈어

🎤 짐을 맡아 주세요.
**I'd like to check this baggage.**
아이드 라익투 첵디스 배기쥐

🎤 관내를 안내할 가이드는 있습니까?
**Is there anyone who can guide me?**
이즈 데어래니원 후 캔 가이드 미

🎤 그 박물관은 오늘 엽니까?
**Is the museum open today?**
이즈 더 뮤지엄 오픈 투데이

🎤 재입관할 수 있습니까?
**Can I reenter?**
캔 아이 리엔터

### 실수를 했을 때

💬 제가 실수를 했습니다.
**I made a mistake.**
아이 메이더 미스테익ㅋ

💬 그것은 저희의 잘못이었습니다.
**It was our fault.**
잇 워즈 아우어 훨ㅌ

💬 실수에 대해 사과드립니다.
**I apologize for the mistake.**
아이 어팔러자이즈 휘 더 미스테익ㅋ

💬 미안해요, 어쩔 수가 없었어요.
**I'm sorry, I couldn't help it.**
아임 쏘리 아이 쿠든ㅌ 헬핏ㅌ

💬 미안합니다. 제가 날짜를 혼동했군요.
**I'm sorry, I mixed up the days.**
아임 쏘리 아이 믹스텁 더 데이즈

💬 미안합니다. 괜찮으세요?
**I'm sorry. Are you all right?**
아임 쏘리. 아 유 올 롸잇

관광지에서

🏄 정말 아름다운 경치군요!

## What a beautiful sight!

와러 뷰티풀 싸이트

🏄 전망이 기가 막히군요!

## What a fantastic view!

와러 팬태스틱 뷰

🏄 저 조각상은 뭐죠?

## What's that statue?

왓츠 댓 스태츄

🏄 이게[저게] 뭐죠?

## What is this[that]?

와리즈 디스[댓]

🏄 저게 뭔지 아세요?

## Do you know what that is?

두 유 노우 왓 데리즈

🏄 저 건물은 무엇입니까?

## What is that building?

와리즈 댓 빌딩

# 29
## 365

### 잘못을 인정할 때

♥ 내가 말을 잘못했습니다.
**It was a slip of the tongue.**
잇 워즈 어 슬립 어브 더 텅

♥ 내 잘못이었어요.
**It was my fault.**
잇 워즈 마이 훨트

♥ 그건 제가 생각이 부족했기 때문이에요.
**That was thoughtless of me.**
댓 워즈 써들러스 업 미

♥ 제 부주의였습니다.
**It was very careless of me.**
잇 워즈 베리 케어러스 업 미

♥ 진심이 아닙니다.
**I didn't mean it at all.**
아이 디든트 미닛 엣 올

♥ 단지 제 탓이죠.
**I can only blame myself.**
아이 캔 온리 블레임 마이쎌ㅎ

입장권을
구입할 때

🏄 티켓은 어디서 삽니까?

**Where can I buy a ticket?**

웨어 캔 아이 바이어 티킷

🏄 입장료는 유료입니까?

**Is there a charge for admission?**

이즈 데어러 챠지 포 어드미션

🏄 입장료는 얼마입니까?

**How much is the admission fee?**

하우 마춰 이즈 더 어드미션 피

🏄 어른 2장 주세요.

**Two adults, please.**

투 어덜츠 플리즈

🏄 학생 1장 주세요.

**One student, please.**

원 스튜던트 플리즈

🏄 단체할인은 해줍니까?

**Do you have a group discount?**

두 유 해버 그룹 디스카운트

용서를 구할 때

🎈 용서해 주십시오.
**Please forgive me.**
플리즈 훠깁 미

🎈 용서해 주세요.
**Pardon me.**
파든 미

🎈 저의 사과를 받아 주세요.
**Please accept my apology.**
플리즈 억셉트 마이 어팔러지

🎈 다시는 그런 일이 없을 겁니다.
**It won't happen again.**
잇 원트 해픈 어겐

🎈 늦어서 죄송합니다.
**Please forgive me for being late.**
플리즈 훠깁 미 훠 빙 레잇트

🎈 한 번 봐 주십시오.
**Cut me some slack this time.**
컷 미 썸 슬랙 디스 타임

관광버스 안에서

🎙 지금 어디로 가고 있습니까?

# Where are we headed?

웨어라 위 헤디드

🎙 저것은 무엇입니까?

# What is that?

와리즈 댓

🎙 저것은 무슨 강입니까?

# What is the name of that river?

와리즈 더 네임 옵댓 리버

🎙 저것은 무슨 산입니까?

# What is the name of that mountain?

와리즈 더 네임 옵댓 마운튼

🎙 차 안에 화장실이 있습니까?

# Is there a restroom on the bus?

이즈 데어러 레스트 룸 온 더 버스

🎙 여기서 얼마나 머뭅니까?

# How long do we stop here?

하우 롱 두 위 스탑 히어

사과의 말에
응답할 때

💬 괜찮습니다.
## That's all right.
댓츠 올 롸잇

💬 괜찮아요.
## That's O.K.
댓츠 오케이

💬 걱정하지 마세요.
## Don't worry about it.
돈 워리 어바우릿

💬 그까짓 것 문제 될 것 없습니다.
## No problem.
노 프라블럼

💬 뭘요, 괜찮습니다. / 힘들지 않아요.
## No sweat.
노 스웻트

💬 당신을 용서하겠어요.
## You're forgiven.
유어 훠기븐

투어를 이용할 때

🦐 어떤 투어가 있습니까?
## What kind of tours do you have?
왓 카인돕 투어즈 두 유 해브

🦐 관광버스 투어는 있습니까?
## Is there a sightseeing bus tour?
이즈 데러러 싸이트씽 버스 투어

🦐 투어는 매일 있습니까?
## Do you have tours every day?
두 유 해브 투어즈 에브리 데이

🦐 오전 코스는 있습니까?
## Is there a morning tour?
이즈 데러러 모닝 투어

🦐 야간관광은 있습니까?
## Do you have a night tour?
두 유 해버 나잇 투어

🦐 투어는 몇 시간 걸립니까?
## How long does it take to complete the tour?
하우 롱 더짓 테익투 컴플릿 더 투어

# 32
## 365

축하할 때

♥ 축하할 일이 생겼다면서요.
**I hear congratulations are in order.**
아이 히어 컨그래츄뤠이션스 아 인 오더

♥ 해냈군요! 축하합니다.
**You made it! Congratulations.**
유 메이딧 컨그래츄뤠이션스

♥ 승진을 축하합니다!
**Congratulations on your promotion!**
컨그래츄레이션스 온 유어 프로모션

♥ 생일을 축하합니다!
**Happy birthday to you!**
해피 벌쓰데이 투 유

♥ 놀랐지? 생일 축하해!
**Surprised? Happy birthday!**
서프라이즈드 해피 벌쓰데이

## 관광안내소에서

🐚 관광안내소는 어디에 있습니까?
### Where's the tourist information center?
웨어즈 더 투어리스트 인포메이션 센터

🐚 안녕하세요. 무엇을 도와드릴까요?
### Good morning. May I help you?
굿 모닝 메아이 헬퓨

🐚 관광안내 책자를 하나 주시겠어요?
### Can I have a sightseer's pamphlet?
캔 아이 해버 싸이트씨어즈 팸플릿

🐚 무료 시내지도 있습니까?
### Do you have a free city map?
두 유 해버 프리 씨티 맵

🐚 관광지도 좀 주시겠어요?
### Can I have a sightseeing map?
캔 아이 해버 싸이트씽 맵

# 33
---
# 365
## 축복을 기원할 때

🎈 새해 복 많이 받으세요!
**Happy New Year!**
해피 뉴 이어

🎈 새해에는 모든 행운이 깃들기를!
**All the best for the New Year!**
올 더 베슷 훠 더 뉴 이어

🎈 만수무강하십시오!
**Many happy returns!**
매니 해피 리턴즈

🎈 더 나은 해가 되길 바랍니다.
**I hope you'll have a better year.**
아이 홉 유월 해버 베러 이어

🎈 당신에게 신의 축복이 있기를!
**God bless you!**
갓 블레스 유

🎈 모든 일이 잘되기를 바라요.
**I hope everything will come out all right.**
아이 홉 에브리씽 윌 컴 아웃 올 롸잇

🎤 이 근처에 패스트푸드점은 있습니까?
### Is there a fastfood store around here?
이즈 데어러 패스트푸드 스토어 어라운드 히어

🎤 주문하시겠어요?
### May I take your order?
메아이 테이큐어 오더

🎤 2번 세트로 주세요.
### I'll take the number two combo.
아윌 테익더 넘버 투 콤보

🎤 어느 사이즈로 하시겠습니까?
### Which size would you like?
위치 싸이즈 우쥬 라이크

🎤 마실 것은요?
### Something to drink?
썸씽 투 드링크

🎤 여기서 드실 건가요, 가지고 가실 건가요?
### For here or to go?
포 히어 오어 투 고

# 34
## 365

환영할 때

♥ 정말 환영합니다.
**You're quite welcome.**
유어 콰잇트 웰컴

♥ 서울에 오신 것을 환영합니다.
**Welcome to Seoul.**
웰컴 투 서울

♥ 같이 일하게 되어 반갑습니다.
**Glad to have you with us.**
글래 투 해뷰 위더스

♥ 저희 집에 오신 것을 환영합니다.
**Welcome to my home.**
웰컴 투 마이 홈

♥ 한국에 오신 것을 환영합니다.
**Welcome to Korea.**
웰컴 투 코리아

♥ 이곳이 마음에 들기를 바랍니다.
**I hope you'll like it here.**
아이 홉 유윌 라이킷 히어

식비를
계산할 때

🐚 계산서를 부탁합니다.
## Check, please.
체크 플리즈

🐚 지금 지불할까요?
## Do I pay you now?
두 아이 페이 유 나우

🐚 각자 계산하기로 합시다, 어때요?
## Let's go Dutch, shall we?
렛츠 고 더치 셸 위

🐚 이번에는 내가 사죠.
## Let me treat you this time.
렛 미 트릿츄 디스 타임

🐚 따로따로 지불을 하고 싶은데요.
## Separate checks, please.
쎄퍼레이트 첵스 플리즈

🐚 봉사료는 포함되어 있습니까?
## Isn't it including the service charge?
이즌닛 인클루딩 더 써비스 챠지

사람을 부를 때

☕ 여보세요?
## Hello.
헬로우

☕ 저기요!
## Hey there!
헤이 데어

☕ 어이, 친구!
## Hey, buddy!
헤이 버디

☕ 잠깐만요!
## Hello, stranger!
헬로우 스트레인져

☕ 이봐!
## Hey!
헤이

### 식사를 마칠 때

🎤 다른 것을 더 드시겠습니까?

**Will you have something else?**

윌 유 해브 썸씽 엘스

🎤 그밖에 다른 것은요?

**Anything else?**

에니씽 엘스

🎤 치즈 좀 더 주시겠어요?

**Could I have a little more cheese, please?**

쿠다이 해버 리틀 모어 치즈 플리즈

🎤 식탁 좀 치워 주시겠어요?

**Could you please clear the table?**

쿠쥬 플리즈 클리어 더 테이블

🎤 테이블 위에 물 좀 닦아 주세요.

**Wipe the water off the table, please.**

와이프 더 워러 오프 더 테이블 플리즈

🎤 이 접시들 좀 치워 주시겠어요?

**Would you take the dishes away?**

우쥬 테익더 디쉬즈 어웨이

모르는 사람을
부를 때

☕ 여보세요.
**Excuse me.**
익스큐즈 미

☕ 저, 여보세요.
**Excuse me, sir.**
익스큐즈 미 썰

☕ 저, 여보세요.
**Excuse me, ma'am.**
익스큐즈 미 맴

☕ 저기요.
**Say.**
쎄이

☕ 이봐.
**Listen.**
리쓴

☕ 저기.
**Look.**
룩

음식에 문제가
있을 때

🔊 다시 가져다주시겠어요?
**Could you take it back, please?**
쿠쥬 테이킷 백 플리즈

🔊 수프에 뭐가 들어 있어요.
**There's something in the soup.**
데어즈 썸씽 인 더 수프

🔊 음식에 이상한 것이 들어 있어요.
**There is something strange in my food.**
데어리즈 썸씽 스트레인지 인 마이 푸드

🔊 이 고기는 충분히 익지 않았는데요.
**I'm afraid this meat is not done enough.**
아임 어프레이드 디스 밋 이즈 낫 던 이넙

🔊 좀 더 구워 주시겠어요?
**Could I have it broiled a little more?**
쿠다이 해빗 브로일더 리틀 모어

🔊 이 우유 맛이 이상합니다.
**This milk tastes funny.**
디스 밀크 테이스츠 퍼니

호칭을 부를 때

☕ 아빠!
**Daddy!**
대디

☕ 엄마!
**Mommy!**
마미

☕ 할아버지!
**Grandpa!**
그랜파

☕ 할머니!
**Grandma!**
그랜마

☕ 의사 선생님!
**Doctor!**
닥터

☕ 교수님!
**Professor!**
프로훼써

주문에 문제가
있을 때

🐚 아직 시간이 많이 걸립니까?
**Will it take much longer?**
윌릿 테이크 마춰 롱거

🐚 주문한 음식이 아직 안 나왔습니다.
**My order hasn't come yet.**
마이 오더 해즌트 컴 옛

🐚 주문한 것 어떻게 된 거죠?
**What happened to my order?**
왓햅픈드 투 마이 오더

🐚 서비스가 늦군요.
**The service is slow.**
더 써비스 이즈 슬로우

🐚 이건 주문하지 않았습니다.
**I didn't order this.**
아이 디든트 오더 디스

☕ 신사 숙녀 여러분!
## Ladies and gentlemen!
레이디스 앤 젠틀맨

☕ 여러분!
## Everyone. / You all.
에브리원 / 유 올

☕ 피터 씨.
## Mr. Peter.
미스터 피터

☕ 피터 부인.
## Mrs. Peter.
미씨즈 피터

☕ 헬렌 양.
## Miss Helen.
미쓰 헬렌

## 필요한 것을 부탁할 때

🥄 빵을 좀 더 주실래요?
## Can I have more bread?
캔 아이 해브 모어 브레드

🥄 디저트 메뉴는 있습니까?
## Do you have a dessert menu?
두 유 해버 디저트 메뉴

🥄 물 한 잔 주세요.
## I'd like a glass of water, please.
아이드 라이커 글래쏩 워러 플리즈

🥄 소금 좀 갖다 주시겠어요?
## Could I have some salt, please?
쿠다이 해브 썸 쏠트 플리즈

🥄 나이프[포크]를 떨어뜨렸습니다.
## I dropped my knife[fork].
아이 드랍트 마이 나이프[포크]

🥄 ~을 추가로 부탁합니다.
## I'd like to order some more ~.
아이드 라익투 오더 썸 모어

**말을 걸 때**

☕ 실례합니다만,
**Excuse me, but ~**
익스큐즈 미 벗

☕ 이야기 좀 할 수 있을까요?
**Can I have a word with you?**
캔 아이 해버 워드 위듀

☕ 말씀드릴 게 좀 있습니다.
**I need to tell you something.**
아이 니 투 텔 유 썸씽

☕ 드릴 말씀이 있는데요.
**I tell you what.**
아이 텔 유 왓

☕ 잠깐 이야기를 나누고 싶은데요.
**I'd like to have a word with you.**
아이드 라익 투 해버 워드 위듀

☕ 당신에게 할 이야기가 좀 있습니다.
**I have something to tell you.**
아이 햅 썸씽 투 텔 유

음식을 주문할 때

⛵ 메뉴 좀 볼 수 있을까요?
**Can I see the menu, please?**
캔 아이 씨 더 메뉴 플리즈

⛵ 주문을 하고 싶은데요.
**We are ready to order.**
위 아 레디 투 오더

⛵ 이걸 부탁합니다.
**I'll take this one.**
아윌 테익디스 원

⛵ 이것과 이것으로 주세요. (메뉴를 가리키며)
**This and this, please.**
디스 앤 디스 플리즈

⛵ 무엇이 빨리 됩니까?
**What can you serve quickly?**
왓 캔 유 써브 퀴클리

⛵ 이건 어떤 맛입니까?
**What's the taste?**
왓츠 더 테이스트

☕ 말씀 중에 잠깐 실례를 해도 될까요?
**May I interrupt you?**
메이 아이 인터럽튜

☕ 말씀 도중에 죄송합니다만,
**Sorry to interrupt, but ~**
쏘리 투 인터럽트 벗

☕ 잭, 저와 이야기 좀 할 수 있을까요?
**Jack, can I talk with you?**
잭 캔 아이 톡 위듀

☕ 말씀드릴 게 있는데요.
**I'd like to have a word with you.**
아이드 라익 투 해버 월 위듀

☕ 오래 걸리지 않습니다.
**I won't keep you long.**
아이 원트 킵 유 롱

# 326
## 365

음식을 주문받을 때

🐦 주문을 받아도 될까요?
**Are you ready to order?**
아유 레디 투 오더

🐦 요리는 어떻게 익혀 드릴까요?
**How would you like it?**
하우 우쥬 라이킷

🐦 마실 것은 무엇으로 하시겠습니까?
**What would you like to drink?**
왓 우쥬 라익투 드링크

🐦 다른 주문은 없습니까?
**Anything else?**
에니씽 엘스

🐦 디저트는 어떻게 하시겠습니까?
**What would you like to have for dessert?**
왓 우쥬 라익투 햅포 디저트

**41**

**365**

용건이 있는지
물을 때

☕ 무슨 이야기를 하고 싶으세요?
**What do you want to tell me?**
왓 두 유 원투 텔 미

☕ 제가 도와드릴 게 있나요?
**Is there anything I can do for you?**
이즈 데어 애니씽 아이 캔 두 훠 유

☕ 나한테 뭔가 이야기하고 싶으세요?
**Do you want to talk to me about anything?**
두 유 원투 톡 투 미 어바웃 애니씽

☕ 무슨 말을 하고 싶으신 거죠?
**What would you like to say?**
왓 우쥬 라익투 쎄이

☕ 무엇을 도와드릴까요?
**Can I help you?**
캔 아이 헬퓨

☕ 난처하신 것 같은데, 제가 할 수 있는 일이 있습니까?
**You look lost. Can I help you?**
유 룩 로슷ㅌ 캔 아이 헬프 유

식당을
예약할 때

- 예약이 필요한가요?
  ## Do we need a reservation?
  두 위 니더 레저베이션

- 그 레스토랑을 예약해 주세요.
  ## Make a reservation for the restaurant, please.
  메이커 레저베이션 포 더 레스터런 플리즈

- 여기서 예약할 수 있나요?
  ## Can we make a reservation here?
  캔 위 메이커 레저베이션 히어

- 손님은 몇 분이십니까?
  ## How large is your party?
  하우 라쥐 이쥬어 파티

- 성함이 어떻게 되시죠?
  ## May I have your name, please?
  메아이 해뷰어 네임 플리즈

- 거기는 어떻게 갑니까?
  ## How can I get there?
  하우 캔 아이 겟 데어

모르는 사람에게
말을 건넬 때

☕ 여기는 처음이십니까?

## Are you new here?
아 유 뉴 히어

☕ 영어로 말할 줄 아세요?

## Do you speak English?
두 유 스피크 잉글리시

☕ 한국어는 어떠세요?

## How about Korean?
하우 어바웃 코리언

☕ 이 자리에 누구 있습니까?

## Is this seat taken?
이즈 디스 씻 테이큰

☕ 멀리 가십니까?

## Are you going far?
아 유 고잉 화

☕ 신문 보시겠습니까?

## Would you like to see the newspaper?
우쥬 라익투 씨 더 뉴스페이퍼

식당을 찾을 때

🎤 어디서 먹고 싶으세요?

**Where would you like to eat?**

웨어 우쥬 라익투 이트

🎤 이 근처에 맛있게 하는 음식점은 없습니까?

**Is there a good restaurant around here?**

이즈 데어러 굿 레스터런 어라운드 히어

🎤 이곳에 한국 식당은 있습니까?

**Do you have a Korean restaurant?**

두 유 해버 코리언 레스터런

🎤 가볍게 식사를 하고 싶은데요.

**I'd like to have a light meal.**

아이드 라익투 해버 라이트 밀

🎤 이 시간에 문을 연 가게는 있습니까?

**Is there a restaurant open at this time?**

이즈 데어러 레스터런 오픈 앳 디스 타임

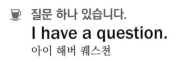

**43**

**365**

질문을 할 때

☕ 질문 하나 있습니다.
## I have a question.
아이 해버 퀘스쳔

☕ 질문 하나 해도 될까요?
## May I ask you a question?
메이 아이 애스큐 어 퀘스쳔

☕ 사적인 질문을 하나 해도 되겠습니까?
## May I ask you a personal question?
메이 아이 애스큐 어 퍼스널 퀘스쳔

☕ (물어볼 게) 하나 더 있습니다.
## There's one more thing.
데얼스 원 모어 씽

☕ 구체적인 질문 몇 가지를 드리겠습니다.
## Let me ask you some specific questions.
렛 미 애스큐 썸 스퍼씨픽 퀘스쳔스

계산을 할 때

🔊 방에 물건을 두고 나왔습니다.
**I left something in my room.**
아이 레프트 썸씽 인 마이 룸

🔊 계산을 부탁합니다.
**My bill, please.**
마이 빌 플리즈

🔊 신용카드도 됩니까?
**Do you accept credit cards?**
두 유 억셉트 크레딧 카즈

🔊 여행자수표도 받습니까?
**Do you accept traveler's checks?**
두 유 억셉트 트래블러즈 첵스

🔊 현금으로 지불하시겠습니까, 카드로 지불하시겠습니까?
**Cash or credit card?**
캐쉬 오어 크레딧 카드

🔊 전부 포함된 겁니까?
**Is everything included?**
이즈 에브리씽 인클루디드

# 44 / 365

## 질문이 있는지 물을 때

☕ 질문 없으세요?
**No questions?**
노 퀘스쳔스

☕ 질문 있습니까?
**Do you have any questions?**
두 유 햅 애니 퀘스쳔스

☕ 또 다른 질문을 받겠습니다.
**I'll take another question.**
아윌 테익 어나더 퀘스쳔

☕ 다음 질문 하세요.
**Give me the next question.**
깁 미 더 넥슷트 퀘스쳔

☕ 질문 있으면 손을 드세요.
**Raise your hand if you have any questions.**
레이쥬어 핸드 이퓨 햅 애니 퀘스쳔스

☕ 여기까지 다른 질문은 없습니까?
**Does anyone have any questions so far?**
더즈 애니원 햅 애니 퀘스쳔 쏘 화

체크아웃할 때

🖐 체크아웃을 하고 싶은데요.
**Check out, please.**
체카웃 플리즈

🖐 홍 씨이신가요? 열쇠를 주시겠습니까?
**Mr. Hong? May I have the key?**
미스터 홍 메아이 햅더 키

🖐 포터를 보내 주세요.
**A porter, please.**
어 포터 플리즈

🖐 맡긴 귀중품을 꺼내 주세요.
**I'd like my valuables from the safe.**
아이드 라이크 마이 밸류어블즈 프럼 더 세이프

🖐 출발할 때까지 짐을 맡아 주시겠어요?
**Could you keep my baggage until my departure time?**
쿠쥬 킵마이 배기쥐 언틸 마이 디파춰 타임

질문에 답변할
때

☕ 좋은 질문입니다.
**Good question.**
군 퀘스쳔

☕ 더 이상 묻지 마세요.
**No more questions.**
노 모어 퀘스쳔스

☕ 당신에게 설명을 해야 할 의무는 없습니다.
**I don't owe you an explanation.**
아이 돈ㅌ 오 유 어닉스플러네이션

☕ 뭐라고 대답해야 좋을지 모르겠습니다.
**I don't know how to answer.**
아이 돈ㅌ 노우 하우 투 앤써

☕ 저는 모르겠습니다.
**I don't know.**
아이 돈ㅌ 노우

☕ 모르기는 저도 마찬가지입니다.
**Your guess is as good as mine.**
유어 게스 이즈 애즈 굳 애즈 마인

🎙 체크아웃은 몇 시입니까?

## When is check out time?
웨니즈 체카웃 타임

🎙 몇 시에 떠날 겁니까?

## What time are you leaving?
왓 타임 아유 리빙

🎙 하룻밤 더 묵고 싶은데요.

## I'd like to stay one more night.
아이드 라익투 스테이 원 모어 나잇

🎙 하루 일찍 떠나고 싶은데요.

## I'd like to leave one day earlier.
아이드 라익투 리브 원 데이 얼리어

🎙 오후까지 방을 쓸 수 있나요?

## May I use the room till this afternoon?
메아이 유즈 더 룸 틸 디스 애프터눈

🎙 오전 10시에 택시를 불러 주세요.

## Please call a taxi for me at 10 A.M.
플리즈 코러 택시 포 미 앳 텐 에이엠

**46**
___
**365**

설명을 요구할 때

☕ ~에 대해 좀 더 설명해 주시겠습니까?
**Could you explain further about ~?**
쿠쥬 익스플레인 풔터 어바웃

☕ 다시 한 번 설명해 주시겠어요?
**Could you explain it again?**
쿠쥬 익스플레이닛 어겐

☕ 더 쉬운 말로 다시 말씀해 주시겠어요?
**Could you please say that again in simpler language?**
쿠쥬 플리즈 쎄이 댓 어게닌 씸플러 랭귀지

☕ 다른 말로 설명해 주시겠어요?
**Could you say it another way?**
쿠쥬 쎄이 잇 어나더 웨이

☕ 다른 말로 다시 설명해 주시겠어요?
**Would you please say it with other words?**
우쥬 플리즈 쎄이잇 윗 아더 월즈

☕ 좀 더 상세히 설명해 주시겠어요?
**Could you be more specific?**
쿠드 유 비 모어 스퍼씨휙

## 호텔 이용에 관한 트러블

🎤 열쇠가 잠겨 방에 들어갈 수 없습니다.
**I locked myself out.**
아이 락트 마이셀프 아웃

🎤 방에 열쇠를 둔 채 잠가 버렸습니다.
**I've locked my key in my room.**
아이브 락트 마이 키 인 마이 룸

🎤 방 번호를 잊어버렸습니다.
**I forgot my room number.**
아이 포갓 마이 룸 넘버

🎤 옆방이 무척 시끄럽습니다.
**The next room is very noisy.**
더 넥스트 룸 이즈 베리 노이지

🎤 복도에 이상한 사람이 있습니다.
**There is a strange person in the corridor.**
데어리저 스트레인쥐 퍼슨 인 더 코리더

🎤 다른 방으로 바꿔 주시겠어요?
**Could you give me a different room?**
쿠쥬 깁미 어 디퍼런트 룸

# 47
## 365

설명을 해 줄 때

☕ 말로는 다 설명할 수 없어요.
**It is beyond description.**
잇 이즈 비욘드 디스크립션

☕ 말로는 표현하기 힘들어요.
**It's hard for me to put into words.**
잇츠 할 휘 미 투 풋 인투 워즈

☕ 어떻게 설명해야 할지 모르겠군요.
**I don't know how to put it.**
아이 돈트 노우 하우 투 풋

☕ 그밖에 달리 설명할 방법이 없어요.
**I can't explain it in any other way.**
아이 캔트 익스플레이닛 인 애니 아더 웨이

☕ 그래서 그런 겁니다.
**That's why.**
댓츠 와이

☕ 말하자면 길어요.
**It's a long story.**
잇쳐 롱 스토리

# 319
## 365

외출과 호텔
시설을 이용할 때

🔊 저한테 온 메시지는 있습니까?
**Do you have any messages for me?**
두 유 햅 애니 메시지즈 포 미

🔊 오늘 밤 늦게 돌아올 예정입니다.
**I'll be back late tonight.**
아윌 비 백 레이트 투나잇

🔊 자판기는 있습니까?
**Is there a vending machine?**
이즈 데어러 밴딩 머쉰

🔊 식당은 어디에 있습니까?
**Where is the dining room?**
웨어리즈 더 다이닝 룸

🔊 식당은 몇 시까지 합니까?
**How late is the dining room open?**
하우 레이티즈 더 다이닝 룸 오픈

🔊 이 호텔에 테니스코트는 있습니까?
**Is there a tennis court at this hotel?**
이즈 데어러 테니스 코트 앳 디스 호텔

되물을 때

☕ 뭐라고요?
**Excuse me?**
익스큐즈 미

☕ 뭐라고?
**What?**
왓

☕ 뭐라고 했지?
**You said what?**
유 쌔드 왓

☕ 방금 뭐라고 말씀하셨죠?
**What did you say just now?**
왓 디쥬 쎄이 저슷트 나우

☕ 맞습니까?
**Is that right?**
이즈 댓 롸잇

☕ 그렇습니까?
**Is that so?**
이즈 댓 쏘

룸서비스

🎤 룸서비스를 부탁합니다.
**Room service, please.**
룸 써비스 플리즈

🎤 여기는 1234호실입니다.
**This is Room 1234.**
디씨즈 룸 트웰브 써리포

🎤 룸서비스입니다. 무엇을 도와드릴까요?
**Room service. Can I help you?**
룸 써비스 캔 아이 헬퓨

🎤 어느 정도 시간이 걸립니까?
**How long will it take?**
하우 롱 윌 잇 테이크

🎤 뜨거운 물을 주시겠어요?
**Would you bring me boiling water?**
우쥬 브링 미 보일링 워러

🎤 누구십니까? (노크 소리에)
**Who is it?**
후 이짓

# 49
## 365

다시 한 번 말해
달라고 할 때

☕ 다시 말씀해 주시겠어요?
**I beg your pardon?**
아이 베규어 파든

☕ 다시 한 번 말씀해 주십시오.
**Please say that again.**
플리즈 쎄이 댓 어겐

☕ 천천히 말씀해 주시겠어요?
**Could you possibly slow down a bit?**
큐쥬 파써블리 슬로 다우너 빗

☕ 더 분명하게 말씀해 주시겠어요?
**I don't quite hear you. Could you speak more clearly?**
아이 돈 콰잇 히어 유 쿠쥬 스픽 모어 클리어리

☕ 더 쉬운 말로 다시 말씀해 주시겠어요?
**Could you please say that again in simpler language?**
쿠쥬 플리즈 쎄이 댓 어게닌 씸플러 랭귀지

☕ 다른 말로 설명해 주시겠어요?
**Could you say it with other words?**
쿠쥬 쎄이 잇 위드 아더 월즈

**317**

---

**365**

체크인 트러블

🌱 8시에 도착할 것 같습니다. (늦을 경우)
## I'll arrive at your hotel at eight.
아윌 어라이브 앳 유어 호텔 앳 에잇

🌱 예약을 취소하지 마세요.
## Please don't cancel my reservation.
플리즈 돈트 캔쓸 마이 레저베이션

🌱 다시 한 번 제 예약을 확인해 주십시오. (예약되어 있지 않을 때)
## Check my reservation again, please.
체크 마이 레저베이션 어게인 플리즈

🌱 방을 취소하지 않았습니다.
## I didn't cancel the room.
아이 디든트 캔쓸 더 룸

🌱 다른 호텔을 찾으시겠습니까?
## Would you refer me to another hotel?
우쥬 리퍼 미 투 어나더 호텔

# 50
## 365

의문사 [When]

☕ 언제 결혼할 계획입니까?
**When are you going to get married?**
웬 아 유 고잉 투 겟 메리드

☕ 언제 태어났습니까?
**When were you born?**
웬 워 유 본

☕ 다음에 언제 만날 수 있을까요?
**When will I see you next?**
웬 윌 아이 씨 유 넥슷트

☕ 언제 체크아웃하시겠습니까?
**When do you wish to check out?**
웬 두 유 위시 투 췌카웃트

☕ 탑승시간은 언제입니까?
**When is the boarding time?**
웬 이즈 더 보딩 타임

방을 확인할 때

🐚 방을 보여 주시겠어요?
## May I see the room?
메아이 씨 더 룸

🐚 좀 더 좋은 방은 없습니까?
## Do you have anything better?
두 유 해브 에니씽 베터

🐚 좀 더 큰 방으로 바꿔 주시겠어요?
## Could you give me a larger room?
쿠쥬 깁미 어 라저 룸

🐚 조용한 방으로 부탁합니다.
## I'd like a quiet room.
아이드 라이커 콰이엇 룸

🐚 전망이 좋은 방으로 부탁합니다.
## I'd like a room with a nice view.
아이드 라이커 룸 위더 나이스 뷰

🐚 이 방으로 하겠습니다.
## I'll take this room.
아윌 테익디스 룸

의문사 [Where]

☕ 여기가 어디예요?
# Where am I?
웨어 앰 아이

☕ 지금 지나가는 데가 어디입니까?
# Where are we passing now?
웨어 아 위 패씽 나우

☕ 어디까지 얘기했죠?
# Where are we?
웨어 아 위

☕ 어디 출신입니까?
# Where are you from?
웨어 아 유 흐롬

☕ 갈아타는 데가 어디입니까?
# Where do I transfer?
웨어 두 아이 트랜스훠

☕ 지하철 노선도를 어디서 구할 수 있나요?
# Where can I get the subway map?
웨어 캔 아이 겟 더 썹웨이 맵

## 315 / 365

### 체크인할 때

🎤 안녕하세요. 무엇을 도와드릴까요?
**Good evening. May I help you?**
굿 이브닝 메아이 헬퓨

🎤 예약은 하셨습니까?
**Did you have a reservation?**
디쥬 해버 레저베이션

🎤 확인서는 여기 있습니다.
**Here is my confirmation slip.**
히어리즈 마이 컨퍼메이션 슬립

🎤 예약은 한국에서 했습니다.
**I made one from Korea.**
아이 메이드 원 프럼 코리어

🎤 아직 예약을 하지 않았습니다.
**I haven't made a reservation.**
아이 해븐트 메이더 레저베이션

🎤 성함을 말해 주시겠어요?
**May I have your name?**
메아이 해뷰어 네임

의문사 [Who]

☕ 누구세요?
## Who is it?
후 이즈 잇

☕ 누구 생각이야?
## Whose idea was it?
후즈 아이디어 워짓

☕ 제일 좋아하는 선수가 누구예요?
## Who is your favorite player?
후 이즈 유어 훼이버릿 플레이어

☕ 누구를 바꿔 드릴까요?
## Who would you like to speak to?
후 우쥬 라익투 스픽 투

☕ 누구시라고요? / 누구시죠?
## Who's calling, please?
후즈 콜링 플리즈

☕ 그밖에 누구를 만났습니까?
## Who else did you meet?
후 엘스 디쥬 밋

🎣 예약을 하고 싶은데요.

**I'd like to make a reservation.**

아이드 라익투 메이커 레저베이션

🎣 오늘 밤, 빈방 있습니까?

**Do you have any vacancies tonight?**

두 유 햅에니 베이컨시즈 투나잇

🎣 숙박요금은 얼마입니까?

**How much is the room charge?**

하우 마취 이즈 더 룸 챠지

🎣 1박에 얼마입니까?

**How much for one night?**

하우 마취 포 원 나잇

🎣 요금에 조식은 포함되어 있나요?

**Does the room charge include breakfast?**

더즈 더 룸 챠지 인클루드 블랙퍼스트

🎣 봉사료와 세금은 포함되어 있습니까?

**Does it include service charge and tax?**

더짓 인클루드 써비스 챠지 앤 택스

의문사 [What]

☕ 당신은 어때요?
## What about you?
와러바웃 유

☕ 오늘 날씨 어때요?
## What's the weather like?
왓츠 더 웨더 라익크

☕ 별일 없으세요?
## What's new?
왓츠 뉴

☕ 이건 재질이 뭐예요?
## What's it made of?
왓츠 잇 메이덥

☕ 무슨 일 있나요?
## What's the matter?
왓츠 더 매러

☕ 무슨 좋은 일 있어요?
## What's the occasion?
왓츠 디 어케이션

## 호텔을 찾을 때

🎤 여기서 호텔 예약할 수 있습니까?

## Can I make a reservation here?

캔 아이 메이커 레저베이션 히어

🎤 역까지 데리러 오시겠습니까?

## Could you pick me up at the station?

쿠쥬 픽미업 앳 더 스테이션

🎤 공항까지 데리러 오시겠습니까?

## Could you pick me up at the airport?

쿠쥬 픽미업 앳 디 에어포트

🎤 그 호텔은 어디에 있습니까?

## Where is the hotel located?

웨어리즈 더 호텔 로케이티드

🎤 다른 호텔을 소개해 주시겠어요?

## Could you tell me where another hotel is?

쿠쥬 텔 미 웨어 어나더 호텔 이즈

☕ 어느 학교에 다니고 있습니까?
### Which school do you go to?
위치 스쿨 두 유 고 투

☕ 어떤 상표(브랜드)가 가장 좋아요?
### Which brand is the best?
위치 브랜드 이즈 더 베슷트

☕ 어느 색깔이 저한테 어울릴까요?
### Which color looks better on me?
위치 컬러 룩스 베러 온 미

☕ 잡지 코너는 어디에 있어요?
### Which section are magazines in?
위치 섹션 아 매거진스 인

☕ 어떤 스타일로 해 드릴까요?
### Which style would you like?
위치 스타일 우쥬 라익

☕ 어느 팀을 응원합니까?
### Which team do you support?
위치 팀 두 유 서폿트

공항의
관광안내소에서

🛥 관광안내소는 어디에 있습니까?
# Where is the tourist information center?
웨어리즈 더 투어리스트 인포메이션 센터

🛥 시가지도와 관광 팸플릿을 주시겠어요?
# Can I have a city map and tourist brochure?
캔 아이 해버 씨티 맵 앤 투어리스트 브로슈어

🛥 매표소는 어디에 있습니까?
# Where is the ticket office?
웨어리즈 더 티킷 오피스

🛥 출구는 어디입니까?
# Where is the exit?
웨어리즈 더 엑싯

🛥 여기서 호텔을 예약할 수 있나요?
# Can I make a hotel reservation here?
캔 아이 메이커 호텔 레저베이션 히어

🛥 호텔 리스트는 있습니까?
# Do you have a hotel list?
두 유 해버 호텔 리스트

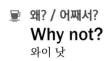

☕ 왜? / 어째서?
**Why not?**
와이 낫

☕ 왜 이 회사를 지망하셨습니까?
**Why did you apply to this company?**
와이 디쥬 어플라이 투 디스 컴퍼니

☕ 왜 어제 전화하지 않았니?
**Why didn't you call me yesterday?**
와이 디든츄 콜 미 예스터데이

☕ 왜 직업을 바꾸려 합니까?
**Why do you plan to change your job?**
와이 두 유 플레인 투 췌인지 유어 잡

☕ 왜 늦었습니까?
**Why are you late?**
와이 아 유 레잇트

☕ 내일 우리 집에 오지 않을래요?
**Why don't you come to my house tomorrow?**
와이 돈츄 컴 투 마이 하우스 투마로우

세관을
통과할 때

🐦 여권과 신고서를 보여 주십시오.
**Your passport and declaration card, please.**
유어 패스포트 앤 데클러레이션 카드 플리즈

🐦 신고할 것은 있습니까?
**Do you have anything to declare?**
두 유 해브 에니씽 투 디클레어

🐦 개인 소지품뿐입니다.
**I only have personal belongings.**
아이 온리 해브 퍼스널 비롱잉스

🐦 이 가방을 열어 주십시오.
**Please open this bag.**
플리즈 오픈 디스 백

🐦 내용물은 무엇입니까?
**What's in it?**
왓츠 이닛

🐦 이건 뭡니까?
**What's this?**
왓츠 디스

☕ 이건 어떠십니까?
**How about this one?**
하우 어바웃 디스 원

☕ 어떻게 지내세요?
**How are you doing?**
하우 아 유 두잉

☕ 여기 생활은 어떠세요?
**How are you enjoying it here?**
하우 아 유 인죠잉 잇 히어

☕ 차는 어떻게 할까요?
**How would you like your tea?**
하우 우쥬 라익 유어 티

☕ 스테이크는 어떻게 익혀 드릴까요?
**How do you want your steak?**
하우 두 유 원트 유어 스테익ㅋ

☕ 얼마나 걸릴까요?
**How long will it take?**
하우 롱 윌 잇 테익

짐을 찾을 때

🎙️ 짐은 어디서 찾습니까?
## Where can I get my baggage?
웨어 캔 아이 겟 마이 배기쥐

🎙️ 여기가 714편 짐 찾는 곳입니까?
## Is this the baggage conveyer for flight 714?
이즈 디스 더 배기쥐 컨베이어 포 플라이트 세븐 원 포

🎙️ 714편 짐은 나왔습니까?
## Has baggage from flight 714 arrived?
해즈 배기쥐 프럼 플라이트 세븐 원 포 어라이브드

🎙️ 제 짐이 보이지 않습니다.
## I can't find my baggage.
아이 캔트 파인 마이 배기쥐

🎙️ 이게 수하물인환증입니다.
## Here is my claim tag.
히어리즈 마이 클레임 택

🎙️ 찾으면 제가 있는 호텔로 가져다주세요.
## Please deliver it to my hotel when you find it.
플리즈 딜리버릿 투 마이 호텔 웨뉴 파인딧

선택의문문

☕ 차와 커피 중 어떤 걸 좋아하세요?

**Which would you prefer, tea or coffee?**

위치 우쥬 프리풔 티 오어 커피

☕ 우선 커피와 차 중 무얼 드시겠습니까?

**What would you like to drink first, coffee or tea?**

왓 우쥬 라익 투 드링크 휘슷트 커피 오어 티

☕ 흡연석을 원하십니까? 아니면 금연석을 원하십니까?

**Do you want the smoking or non-smoking section?**

두 유 원트 더 스모킹 오어 넌 스모킹 쎅션

☕ 카레는 어떤 걸로 하시겠습니까? 매운 것과 순한 것이 있는데요.

**Which kind of curry do you like, spicy or mild?**

위치 카인더브 커리 두 유 라익 스파이시 오어 마일드

☕ 이 법에 찬성하세요, 반대하세요?

**Are you for or against this law?**

아 유 풔 오어 어겐숫트 디스 로우

입국수속을 밟을 때

🦔 여권을 보여 주시겠습니까?
**(May I see) Your passport, please?**
(메아이 씨) 유어 패스포트 플리즈

🦔 입국 목적은 무엇입니까?
**What's the purpose of your visit?**
왓츠 더 퍼포즈 어뷰어 비지트

🦔 얼마나 체류하십니까? (체류 기간)
**How long are you staying?**
하우 롱 아유 스테잉

🦔 어디에 머무십니까?
**Where are you staying?**
웨어라유 스테잉

🦔 ○○호텔에 머뭅니다.
**I'll stay at the ○○Hotel.**
아윌 스테이 앳 더 ○○호텔

부정의문문

☕ 민수 씨 댁 아닙니까?
**Isn't this the Min-Su residence?**
이즌 디스 더 민수 레지던스

☕ 춥지 않으세요?
**Aren't(= Are) you cold?**
안트(= 아) 유 콜드

☕ 점심 안 드셨어요?
**Didn't you have lunch?**
디든츄 햅 런치

☕ 영화 좋아하지 않으세요?
**Don't you like movies?**
돈츄 라익 무비스

☕ 그 사람 오지 않나요?
**Isn't he coming?**
이즌 히 커밍

☕ 그 사람 의사 아닌가요?
**Isn't he a doctor?**
이즌 히 어 닥터

통관·환승할 때

🔊 이 공항에서 어느 정도 머뭅니까?

# How long will we stop here?

하우 롱 윌 위 스탑 히어

🔊 환승 카운터는 어디입니까?

# Where's the transfer counter?

웨어즈 더 트랜스퍼 카운터

🔊 탑승수속은 어디서 하면 됩니까?

# Where do I check in?

웨어 두 아이 체킨

🔊 환승까지 시간은 어느 정도 있습니까?

# How long is the layover?

하우 롱 이즈 더 레이오버

🔊 탑승은 몇 시부터 시작합니까?

# When do we board?

웬 두 위 보드

☕ 날씨가 고약하지요?
**Dreadful weather, isn't it?**
드레드풀 웨더 이즌 잇

☕ 당신이 저보다 6개월 선배 맞죠?
**You're 6 months older than I, aren't you?**
유어 씩스 먼쓰 올더 댄 아이 안츄

☕ 영화를 좋아하지 않으신가요?
**You don't like movies, do you?**
유 돈 라익 무비스 두유

☕ 봤죠?
**You saw it, didn't you?**
유 쏘 잇 디든츄

☕ 덥네요, 그렇지 않나요?
**It's very hot, isn't it?**
잇츠 베리 핫 이즌 잇

☕ 재미있을 것 같지 않아요?
**Looks like fun, doesn't it?**
룩스 라익 훤 더즌 잇

기내 식사 및
입국카드 작성

식사는 언제 나옵니까?
**What time do you serve the meal?**
왓 타임 두 유 써브 더 밀

소고기와 닭고기가 있는데, 어느 것으로 하시겠습니까?
**Would you like beef or chicken?**
우쥬 라이크 비프 오어 취킨

식사는 필요 없습니다.
**I don't feel like eating dinner.**
아이 돈트 필 라이크 이팅 디너

식사는 다 하셨습니까?
**Are you through with your meal?**
아유 쓰루 위쥬어 밀

이것은 입국카드입니까?
**Is this the immigration form?**
이즈 디스 더 이미그레이션 폼

이 서류 작성법을 가르쳐 주시겠어요?
**Could you tell me how to fill in this form?**
쿠쥬 텔 미 하우 투 필 인 디스 폼

# 60
## 365

긍정적으로
대답할 때

☕ 좋아요.
## Sure.
슈어

☕ 좋아.
## Fine.
화인

☕ 기꺼이 그러죠.
## I'd be glad to.
아이드 비 글래드 투

☕ 알겠습니다.
## Yes, sir.
예스 썰

☕ 맞습니다.
## Exactly.
이그잭틀리

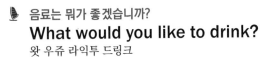

# 306 / 365

기내 서비스를
받을 때

🔖 음료는 뭐가 좋겠습니까?
## What would you like to drink?
왓 우쥬 라익투 드링크

🔖 어떤 음료가 있습니까?
## What kind of drinks do you have?
왓 카인돕 드링스 두 유 해브

🔖 콜라는 있습니까?
## Do you have coke?
두 유 해브 코크

🔖 맥주를 주시겠습니까?
## Can I have a beer?
캔 아이 해버 비어

🔖 베개와 담요를 주시겠어요?
## May I have a pillow and a blanket, please?
메아이 해버 필로우 앤더 브랭킷 플리즈

🔖 한국 신문은 있습니까?
## Do you have any Korean newspapers?
두 유 햅 애니 코리언 뉴스페이퍼즈

부정적으로
대답할 때

☕ 아니오.
## No.
노

☕ 한 번도 없어요.
## I never have.
아이 네버 햅

☕ 아니, 지금은 됐어요(안 됩니다).
## No, not now, thanks.
노 낫 나우 쌩즈

☕ 유감스럽지만, 안 되겠어요.
## I'm afraid not.
아임 어흐레이드 낫

☕ 미안하지만 그렇게는 안 되겠는데요.
## I'm sorry, but I can't do it.
아임 쏘리 벗 아이 캔트 두 잇

☕ 그건 몰랐습니다.
## I didn't know that.
아이 디든 노우 댓

## 좌석을 찾을 때

🎙 제 자리는 어디입니까?
**Where's my seat, please?**
웨어즈 마이 씨트 플리즈

🎙 탑승권을 보여 주시겠습니까?
**Would you show me your boarding pass?**
우쥬 쇼 미 유어 보딩 패스

🎙 미안합니다, 지나갈게요.
**Excuse me, I'd like to get through.**
익스큐즈 미 아이드 라익투 겟 쓰루

🎙 여기는 제 자리인데요.
**I think this is my seat.**
아이 씽크 디씨즈 마이 씨트

🎙 (옆 사람에게) 자리를 바꿔 주시겠습니까?
**Could I change seats?**
쿠다이 체인지 싯츠

**불확실하게
대답할 때**

☕ 있을 수 있어요(그럴 수 있어요).
**It's possible.**
잇츠 파써블

☕ 그럴지도 모르겠어요.
**You could be right.**
유 쿠드 비 롸잇

☕ 아마도.
**Maybe.**
메이비

☕ 그렇대요.
**So I hear.**
쏘 아이 히어

☕ ~라고 합니다
**I hear ~**
아이 히어~

☕ 그러기를 바라요.
**I hope so.**
아이 홉 쏘

해(年)에 관한
표현

🍦 올해는 몇 년도입니까?
**What year is this?**
왓 이어 이즈 디스

🍦 몇 년도에 태어나셨어요?
**What year were you born?**
왓 이어 워 유 본

🍦 올해의 계획은 잘 지켜지고 있습니까?
**Are you keeping to your New Year's resolution?**
아 유 키핑 투 유어 뉴 이얼스 레절루션

🍦 그 계약은 3년간 유효합니다.
**The contract holds good for three years.**
더 컨트랙트 홀스 굳 휘 쓰리 이얼스

🍦 저희는 20년이 넘게 사업을 해 왔습니다.
**We've been in business for over 20 years.**
위브 빈 인 비지니스 휘 오버 트웨니 이얼스

🍦 유니섹스 형식이 올해 유행입니까?
**Is unisex mode in style this year?**
이즈 유니섹스 모드 인 스타일 디스 이어

의심을 갖고
대답할 때

☕ 어떨지 몰라, 그렇지 않을걸.
**I doubt it.**
아이 다우릿

☕ 믿을 수 없어.
**I can't believe it.**
아이 캔트 빌리브 잇

☕ 정말로?
**Really?**
륄리

☕ 본심이야?
**Are you serious?**
아 유 시리어스

☕ 이상하군요.
**Isn't it funny?**
이즌 잇 훠니

☕ 예, 하지만 의심스럽군요.
**Yes, but I doubt that.**
예스 벗 아이 다웃 댓

월 (月) 에 관한
표현

🍦 몇 월이죠?
## What month is it?
왓 먼쓰 이즈 잇

🍦 이달에 어떤 공휴일이 있지요?
## What holiday do we celebrate this month?
왓 할러데이 두 위 쎌러브레잇트 디스 먼쓰

🍦 몇 달 동안 못 뵈었지요?
## It's been months, hasn't it?
잇츠 빈 먼츠 해즌 잇

🍦 여기에 온 지 3개월 되었습니다.
## It's three months since I came here.
잇츠 쓰리 먼츠 씬스 아이 케임 히어

🍦 8월 25일까지 끝낼 수 있습니까?
## Can you finish it by August 25th?
캔 유 휘니쉬 잇 바이 어거스트 트웨니힙쓰

🍦 월급날은 매달 30일입니다.
## Our payday is the 30th of every month.
아우어 페이데이 이즈 더 써리쓰 어브 에브리 먼쓰

# 64
## 365

확신을 할 때의
맞장구

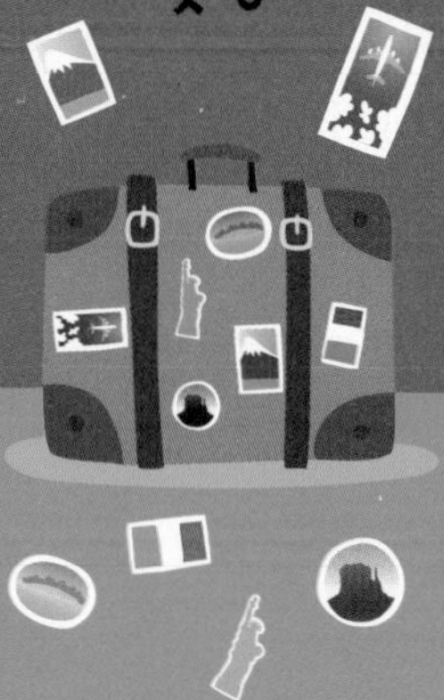

---

☕ 맞아요.
**That's right.**
댓츠 롸잇

☕ 바로 그겁니다. / 맞아요.
**That's it.**
댓츠 잇

☕ 물론이죠.
**Of course.**
업 콜스

☕ 틀림없어.
**Sure.**
슈어

☕ 확신해요.
**I'm positive.**
아임 파저티브

요일에 대해서

🍦 오늘이 무슨 요일이죠?
**What day is it today?**
왓 데이 이즈 잇 투데이

🍦 오늘이 수요일입니까, 목요일입니까?
**Is today Wednesday or Thursday?**
이즈 투데이 웬즈데이 오어 썰쓰데이

🍦 월급날은 무슨 요일이에요?
**What day of the week is payday?**
왓 데이 어브 더 윅 이즈 페이데이

🍦 미안합니다. 제가 요일을 혼동했군요.
**I'm sorry, I'm mixed up on the days.**
아임 쏘리 아임 믹쓰트 어폰 더 데이스

🍦 보통 월요일에서 금요일까지 영업합니다.
**Usually, we're open Monday through Friday.**
유절리 위아 오픈 먼데이 쓰루 후라이데이

🍦 공휴일이 일요일과 겹쳐 버렸어요.
**The holiday fell on Sunday.**
더 할러데이 휄 온 썬데이

# 65
---
# 365

애매하게
맞장구칠 때

☕ 아마도.
## Maybe.
메이비

☕ 그럴지도 모르겠어요.
## Could be.
쿧 비

☕ 그럴 거라고 생각합니다.
## I suppose so.
아이 써포즈 쏘

☕ 그렇기를 바랍니다.
## I hope so.
아이 홉 쏘

☕ 저도 역시 그렇게 생각합니다.
## Yes, I think so too.
예스 아이 씽 쏘 투

☕ 재미있겠군요.
## That sounds interesting.
댓 사운즈 인터뤠스팅

날짜에 대해서

🍦 오늘이 며칠이죠?
## What's the date today?
왓츠 더 데잇 투데이

🍦 날짜가 언제입니까?
## What's the date?
왓츠 더 데잇트

🍦 오늘이 무슨 날이죠?
## What's the occasion?
왓츠 디 어케이션

🍦 오늘이 무슨 특별한 날입니까?
## What special day is today?
왓 스페셜 데이 이즈 투데이

🍦 우리 휴가가 며칠부터 시작이죠?
## What date does our vacation start?
왓 데잇 더즈 아우어 베케이션 스탓트

🍦 며칠에 태어났어요?
## What date were you born?
왓 데잇 워 유 본

# 66
## 365

긍정의 응답

☕ 그래요?
**Really?**
뤼리

☕ 그래요?
**Are you sure?**
아 유 슈어

☕ 그래요?
**Is that so?**
이즈 댓 쏘

☕ 그래요?
**Is that right?**
이즈 댓 롸잇

☕ 어머, 그래요?
**Oh, yeah?**
오 예

☕ 아, 그러셨어요?
**Oh, did you?**
오 디드 유

# 300
## 365

시간에 대해서

🍦 업무시간이 언제죠?
## What are your business hours?
왓 아 유어 비지니스 아우얼스

🍦 시간 가는 줄 몰랐어요.
## I wasn't aware of the time.
아이 워즌트 어웨어 어브 더 타임

🍦 이 시간에 여기 웬일이세요?
## What are you doing here so late?
왓 아 유 두잉 히어 쏘 레잇트

🍦 이것은 시간을 다투는 문제예요.
## This is an extremely urgent matter.
디스 이즈 언 익스트림리 어전 매러

🍦 우리는 허비할 시간이 없어.
## We haven't got all day.
위 해븐 갓 올 데이

🍦 시간을 내 보세요.
## Find the time.
화인 더 타임

부정의 응답

☕ 설마! / 그럴 리가요!
**Not really!**
낫 륄리

☕ 그럴 리가요!
**You don't say!**
유 돈 쎄이

☕ 아니오 그렇게 생각지 않아요.
**No, I don't think so.**
노 아이 돈 씽 쏘

☕ 그래요? 저도 좋아하지 않습니다.
**Oh yeah? Neither do I.**
오 예 니더 두 아이

☕ 모르겠어요.
**I don't know.**
아이 돈 노우

☕ 확실히 모르겠어요.
**I'm not sure.**
아임 낫 슈어

🍦 오전 7시입니다.

**It's 7 o'clock in the morning.**

잇츠 쎄븐 어클락 인 더 모닝

🍦 오전 8시 15분입니다.

**It's a quarter after 8 in the morning.**

잇춰 쿼터 애흐터 에잇 인 더 모닝

🍦 오후 2시 반입니다.

**It's 2:30 (two thirty) in the afternoon.**

잇츠 투 써리 인 디 애흐터눈

🍦 오후 8시 10분 전입니다.

**It's 10 minutes to 8 in the evening.**

잇츠 텐 미닛츠 투 에잇 인 디 이브닝

🍦 아직 7시밖에 안 되었어요.

**It's still only seven o'clock.**

잇츠 스틸 온리 쎄븐 어클락

🍦 6시 반이 다 되어 갑니다.

**It's almost 6:30 (six thirty).**

잇츠 얼머슷트 씩쓰 써리

이해를 구할 때

☕ 아시겠어요?

## You see(= know)?
유 씨(= 노우)

☕ 제 의도를 아시겠어요?

## You know what I mean?
유 노우 와라이 민

☕ 제 말을 이해하시겠어요?

## Can you understand what I'm saying?
캔 유 언더스탠드 와라임 쎄잉

☕ 내가 한 말을 이해할 수 있겠습니까?

## Do you follow me?
두 유 활로우 미

☕ 당신 기분이 어떤지 알겠어요.

## I know how you feel.
아이 노우 하우 유 휠

☕ 네, 말씀하시는 뜻을 알겠습니다.

## Sure, I understand what you mean.
슈어 아이 언더스탠드 왓 유 민

시간을 물을 때

🍦 지금 몇 시죠?
## What time is it now?
왓 타임 이즈 잇 나우

🍦 몇 시입니까?
## Can you tell me the time?
캔 유 텔 미 더 타임

🍦 몇 시쯤 됐을까요?
## I wonder what time it is.
아이 원더 왓 타임 잇 이즈

🍦 지금이 몇 시라고 생각하십니까?
## What time do you think it is?
왓 타임 두 유 씽크 잇 이즈

🍦 정확히 몇 시입니까?
## What's the exact time?
왓츠 디 이그잭 타임

### 잠시 생각할 때

☕ 글쎄.
**Well.**
웰

☕ 글쎄(어디 보자).
**Let me see.**
렛 미 씨

☕ 참, 뭐더라.
**Well, let me see.**
웰 렛 미 씨

☕ 거 뭐랄까?
**What shall I say?**
왓 쉘 아이 쎄이

☕ 내 말 뜻은 ~
**What I mean is ~**
왓 아이 미니즈~

☕ 좀 생각해 보기로 하죠.
**Let me think about it.**
렛 미 씽 커바우릿

계절에 대해서

🍦 어느 계절을 가장 좋아하세요?
## Which season do you like best?
위치 씨즌 두 유 라익 베슷트

🍦 1년 내내 봄날이라면 좋겠어요!
## I wish spring lasted all year!
아이 위시 스프링 라슷티드 올 이어

🍦 저는 더위를 잘 타요.
## I'm very sensitive to heat.
아임 베리 쎈써티브 투 힙

🍦 비가 많이 오는 계절은 싫어합니다.
## I don't like the wet season.
아이 돈 라익 더 웻 씨즌

🍦 가을 기운이 완연해요.
## Autumn is in the air.
어텀 이즈 인 디 에어

🍦 겨울이 다가오는 것 같아요.
## I think winter is on its way.
아이 씽ㅋ 윈터 이즈 온 잇츠 웨이

이해를
확인할 때

☕ 이해하시겠어요?
### Do you understand it?
두 유 언더스탠딧

☕ 제 말 뜻을 이해하시겠어요?
### Do you understand what I mean?
두 유 언더스탠드 와라이 민

☕ 제가 한 말을 알겠어요?
### Do you understand what I'm saying?
두 유 언더스탠드 와라임 쎄잉

☕ 지금까지 제가 한 말을 이해하시겠어요?
### Are you with me so far?
아 유 윗미 쏘 화

☕ 사정(내용)을 알았습니까?
### Do you get the picture?
두 유 겟 더 픽쳐

일기에 대해서

🍦 밖에 아직도 바람이 부나요?
**Is it still windy outside?**
이즈 잇 스틸 윈디 아웃싸이드

🍦 바람이 세차게 부는군요!
**It's really blowing!**
잇츠 륄리 블로잉

🍦 폭풍이 쳐요.
**It's stormy.**
잇츠 스토미

🍦 비가 와요.
**It's raining.**
잇츠 뤠이닝

🍦 억수같이 퍼부어요.
**It's pouring.**
잇츠 푸어링

🍦 비가 많이 와요.
**It's wet.**
잇츠 웻

이해를 했을 때

☕ 이해했어요.
**I understand.**
아이 언더스탠드

☕ 아, 알겠습니다.
**Oh, I've got it.**
오 아이브 가릿

☕ 아, 알겠어요.
**Oh, I see.**
오 아이 씨

☕ 알겠군요.
**I get the picture.**
아이 겟 더 픽쳐

☕ 이해가 되는군요.
**It makes sense to me.**
잇 메익 쎈스 투 미

☕ 아! 무슨 말씀인지 알겠습니다.
**Oh! I see you mean.**
오 아이 씨 유 민

일기예보에
대해서

🍦 오늘 일기예보는 어떻습니까?
**What's the weather forecast for today?**
왓츠 더 웨더 휘캐슷트 휘 투데이

🍦 일기예보에서 뭐라고 하니?
**What was the forecast?**
왓 워즈 더 휘캐슷트

🍦 내일 기상 예보를 아세요?
**Do you know the weather report for tomorrow?**
두 유 노우 더 웨더 리폿트 휘 투마로우

🍦 내일 날씨가 어떨까요?
**How will the weather be tomorrow?**
하우 윌 더 웨더 비 투마로우

🍦 일기예보를 확인해 보세요.
**Check the weather report.**
첵 더 웨더 리폿트

🍦 일기예보는 오늘 밤이 어떨 거라고 합니까?
**What's the weather forecast for tonight?**
왓츠 더 웨더 휘캐슷트 휘 투나잇

이해를 못 했을
때

☕ 이해가 안 됩니다.
## I don't understand.
아이 돈 언더스탠드

☕ 무슨 말을 하는지 모르겠어요.
## I don't follow you.
아이 돈 활로우 유

☕ 이해하기 어렵군요.
## It's tough to figure.
잇츠 텊 투 피규어

☕ 도무지 감이 잡히질 않습니다.
## I can't get the hang of it.
아이 캔트 겟 더 행 어빗

☕ 무슨 말인지 전혀 모르겠어요.
## You're confusing me too much.
유어 컨퓨징 미 투 머취

☕ 당신 말씀을 이해할 수 없습니다.
## I couldn't make out what you mean.
아이 쿠든 메이카웃 왓 유 민

날씨를 말할 때

🍦 오늘은 날씨가 화창하군요.
**It's a beautiful day today.**
잇춰 뷰티훌 데이 투데이

🍦 햇볕이 좋아요.
**It's sunny.**
잇츠 써니

🍦 맑아요.
**It's clear.**
잇츠 클리어

🍦 따뜻해요.
**It's warm.**
잇츠 웜

🍦 건조해요.
**It's dry.**
잇츠 드라이

🍦 시원해요.
**It's cool.**
잇츠 쿨

**말이 막힐 때**

☕ 음…
**Well...**
웰

☕ 에…
**Er...**
얼

☕ 글쎄, 어디 생각해 봅시다.
**Well, let me see.**
웰 렛 미 씨

☕ 글쎄요, 사실…
**Well, actually, ...**
웰 액츄리

☕ 거 뭐라고 말할까?
**What shall I say?**
왓 쉘 아이 쩨이

기후에 대해서

🍦 당신 고향의 날씨는 어떻습니까?

**What is the weather like in your hometown?**

왓 이즈 더 웨더 라익 인 유어 홈타운

🍦 한국에서 7월과 8월은 무척 더워요.

**July and August in Korea are so hot.**

줄라이 앤 어거스트 인 코리아 아 쏘 핫

🍦 한국의 기후에 대해 어떻게 생각하세요?

**What do you think about the climate in Korea?**

왓 두 유 씽커바웃 더 클라이밋 인 코리아

🍦 보스턴과 비교해 볼 때 이곳의 날씨는 어떻게 다르지요?

**How different is the climate here compared with Boston?**

하우 디풔런트 이즈 더 클라이밋 히어 컴페얼드 위드 보스턴

🍦 기후는 한국과 다릅니다.

**The climate is different from Korea.**

더 클라이밋 이즈 디풔런트 흐롬 코리아

# 74
## 365

말을 꺼내거나
주저할 때

☕ 있잖아요,
**I tell you what,**
아이 텔 유 왓

☕ 있잖아요(알다시피),
**You know, ...**
유 노우

☕ 생각 좀 해 보고요.
**Let me think.**
렛 미 씽크

☕ 음, 그걸 어떻게 말해야 될까요?
**Well, how should I say it?**
웰 하우 슈드 아이 쎄잇

☕ 말하자면,
**I would say,**
아이 우드 쎄이

날씨를 물을 때

🍦 오늘 날씨 어때요?

**What's the weather like today?**

왓츠 더 웨더 라익 투데이

🍦 그곳 날씨는 어떻습니까?

**What's the weather like there?**

왓츠 더 웨더 라익 데어

🍦 바깥 날씨는 어떻습니까?

**How is the weather out there?**

하우 이즈 더 웨더 아웃 데어

🍦 날씨가 참 좋죠?

**Isn't it a wonderful day?**

이즌 잇 어 원더훌 데이

🍦 이런 날씨 좋아하세요?

**Do you like this kind of weather?**

두 유 라익 디스 카인더브 웨더

## 적당한 말이
## 생각나지 않을 때

☕ 뭐라고 말할까?
### What shall I say?
왓 쉘 아이 쎄이

☕ 뭐라고 했지? 그래 맞아 ~
### What was I going to say? Ah, yes ~
왓 워즈 아이 고잉 투 쎄이 아, 예스~

☕ 뭐라고 말하면 좋을까?
### What's the word I want?
왓츠 더 월드 아이 원트

☕ 무슨 말을 하려고 했지?
### What was I saying?
왓 워즈 아이 쎄잉

☕ 맞아, 이래요.
### It's like this, you see.
잇츠 라익 디스 유 씨

☕ 자, 글쎄요.
### Well, let me see now.
웰 렛 미 씨 나우

금연에 대해서

🍦 담배 끊었나요?
## Have you quit smoking?
해뷰 큇 스모킹

🍦 여전히 담배를 피우세요?
## Do you still smoke?
두 유 스틸 스목ㅋ

🍦 담배를 끊으셔야 해요.
## You've got to give up smoking.
유브 갓 투 기법 스모킹

🍦 2년 전에 담배를 끊었습니다.
## I gave up smoking two years ago.
아이 게이법 스모킹 투 이얼즈 어고우

🍦 당신이 담배를 끊으면 좋겠어요.
## I want you to stop smoking.
아이 원츄 투 스탑 스모킹

🍦 담배를 끊었어.
## I gave up smoking.
아이 게이법 스모킹

**76**

**365**

말하면서
생각할 때

☕ 생각 좀 해 보고요.
## Let me think.
렛 미 씽크

☕ 확실하지 않지만, ~이라고 생각합니다
## I don't know exactly, but I suppose ~
아이 돈 노우 이그잭틀리 벗 아이 써포즈~

☕ 아 제 기억이 옳다면,
## If I remember correctly,
이프 아이 리멤버 커렉틀리

☕ 잘 기억나지 않지만,
## Well, I don't remember exactly,
웰 아이 돈 리멤버 이그잭틀리

☕ 말하자면,
## I would say,
아이 우드 쎄이

☕ 분명하지 않지만,
## I'm not sure,
아임 낫 슈어

담배를 피울 때

🍦 담배 좀 빌릴까요?

# May I bum a cigarette?

메이 아이 버머 씨거렛

🍦 담배 한 대 피우시겠습니까?

# Would you care for a cigarette?

우쥬 케어 훠 러 씨거렛

🍦 불을 빌려 주시겠습니까?

# Could I have a light, please?

쿠드 아이 해버 라잇 플리즈

🍦 재떨이를 집어 주시겠어요?

# Will you pass me the ashtray?

윌 유 패쓰 미 디 애쉬트뤠이

🍦 담배를 피워도 되겠습니까?

# Do you mind if I smoke?

두 유 마인드 이프 아이 스몪ㅋ

🍦 여기서 담배를 피울 수 있습니까?

# Can I smoke here?

캔 아이 스몪ㅋ 히어

말을 재촉할 때

☕ 빨리 말씀하세요.
**Tell me quickly.**
텔 미 퀴클리

☕ 할 말이 있으면 하세요.
**Say what's on your mind.**
쎄이 왓츠 온 유어 마인드

☕ 이유를 말해 보세요.
**Tell me why.**
텔 미 와이

☕ 하고 싶은 말을 하세요.
**Say what you want to say.**
쎄이 왓 유 원 투 쎄이

☕ 누가 그랬는지 말해 보세요.
**Tell me who has said so.**
텔 미 후 해즈 쎄드 쏘

☕ 그래서 당신은 뭐라고 했습니까?
**And what did you say?**
앤드 왓 디쥬 쎄이

흡연에 대해서

🍦 담배를 피우고 싶어 죽겠어요.
# I'm dying for a smoke.
아임 다잉 휘 러 스목크

🍦 아버지는 애연가입니다.
# My father is a heavy smoker.
마이 화더 이즈 어 헤비 스모커

🍦 하루에 어느 정도 피웁니까?
# How many do you smoke a day?
하우 매니 두 유 스모커 데이

🍦 식후에 피우는 담배는 정말 맛있습니다.
# A puff after a meal is really satisfying.
어 펍 애흐터 어 밀 이즈 뤼리 쌔티스화잉

🍦 담배 없이는 단 하루도 못 살 것 같아요.
# I guess I can't go without cigarettes even for a day.
아이 게스 아이 캔트 고 위다웃 씨거렛츠 이븐 휘 러 데이

🍦 흡연은 건강에 나빠요.
# Smoking is bad for your health.
스모킹 이즈 배드 휘 유어 헬쓰

☕ 스포츠에 대해 얘기합시다.
**Let's talk about sports.**
렛츠 토커바웃 스폿츠

☕ 무언가 재미있는 것을 생각해 봅시다.
**Let's think of something nice to talk about.**
렛츠 씽커브 썸씽 나이스 투 토커바웃

☕ 당신에게 말하고 싶은 게 있는데요.
**Let me tell you something.**
렛 미 텔 유 썸씽

☕ 전부터 물어보려고 했어요.
**I've been meaning to ask you.**
아이브 빈 미닝 투 애스큐

☕ 이야기가 좀 있는데요?
**Could I have a word with you?**
쿠드 아이 해버 월 위듀

# 288
## 365

금주에 대해서

🍦 알코올은 입에 대지 않기로 했습니다.
**I don't touch alcohol.**
아이 돈 터취 앨콜

🍦 의사가 술을 마시면 안 된다고 했습니다.
**I can't drink. Doctor's orders.**
아이 캔트 드링크 닥터스 오덜스

🍦 술을 끊는 것이 좋겠습니다.
**I advise you to quit drinking.**
아이 어드바이즈 유 투 큇 드링킹

🍦 술을 끊었습니다.
**I gave up drinking.**
아이 게이법 드링킹

🍦 내가 한 번 더 술을 마시면 성을 간다.
**If I ever take another drink, I'll shave my head.**
이프 아이 에버 테익 어나더 드링크 아월 쉐입 마이 헤드

🍦 나는 금주론자이다.
**I'm dry. (= I don't drink.)**
아임 드라이 (= 아이 돈트 드링크)

화제를 바꿀 때

☕ 화제를 바꿉시다.
## Let's change the subject.
렛츠 체인지 더 써브젝트

☕ 뭔가 다른 이야기를 합시다.
## Let's talk about something else.
렛츠 톡 어바웃 썸씽 엘스

☕ 화제를 바꾸지 마세요.
## Don't change the subject.
돈 체인지 더 써브젝트

☕ 주제를 바꿉시다.
## Let's change the topic.
렛츠 체인지 더 토픽

☕ 좀 더 재미있는 화제로 바꾸죠.
## Let's change the subject to a more pleasant one.
렛츠 체인지 더 써브젝트 투 어 모어 플레즌트 원

☕ 새로운 화제로 넘어갑시다.
## Let's go on a new topic.
렛츠 고우 오너 뉴 타픽

주량에 대해서

🍦 평소에 어느 정도 마십니까?
## How much do you usually drink?
하우 머취 두 유 유절리 드링크

🍦 저는 술고래입니다.
## I'm a heavy drinker.
아임 어 헤비 드링커

🍦 전 술 잘 못해요.
## I'm not much of a drinker.
아임 낫 머취 어버 드링커

🍦 저는 한 잔만 마셔도 얼굴이 빨개져요.
## A single cup of wine makes me flushed.
어 씽글 컵 어브 와인 메익스 미 흘러쉬드

🍦 저는 술을 천천히 마시는 편입니다.
## I like to nurse my drinks.
아이 라익 투 널스 마이 드링크스

# 80
## 365

대화 도중에 쓸 수 있는 표현

☕ 예를 들면,
**For example,**
풔 이그잼플

☕ 내 말은,
**I mean,**
아이 민

☕ 제 뜻은 ~
**What I mean is ~**
와라이 민 이즈

☕ 지금 제가 말하고 있는 것은 ~
**What I'm saying is ~**
와라임 쎄잉 이즈

☕ 제가 말씀드리고자 하는 것은 ~
**What I'm trying to say is ~**
와라임 트라잉 투 쎄이 이즈

☕ 좋습니다.
**O.K. All right.**
오케이 올 롸잇

태도에 대해서

🍦 당신은 정말 신사이군요.
**You're quite a gentleman.**
유어 콰잇터 젠틀맨

🍦 그 사람이라면 진절머리가 나요.
**I'm fed up with him.**
아임 훼덥 위드 힘

🍦 정말 견디기 어려운 것이다.
**It's a pain in the neck.**
잇쳐 페인 인 더 넥크

🍦 참 잘한다!
**Good for you!**
굳 훠 유

🍦 좋을 대로 하시오.
**Suit yourself.**
숟 유어쎌ㅎ

🍦 그런 말씀 마십시오.
**Don't give me that.**
돈 깁 미 댓

간단히 말할 때

---

☕ 간단히 말해!

**Cut it short!**

커딧 숄트

☕ 본론을 말씀하세요.

**Just tell me your point.**

저슷 텔 미 유어 포인트

☕ 바로 요점을 말하세요.

**Get right down to business.**

겟 롸잇 다운 투 비지니스

☕ 요점을 말씀드리자면 ~

**Coming to the point ~**

커밍 투 더 포인트

☕ 요점을 말하십시오.

**Come to the point.**

컴 투 더 포인트

성격을
칭찬할 때

🍦 당신은 재미있는 사람이군요.
**You are interesting.**
유 아 인터뤠스팅

🍦 당신은 정말 좋은 분이에요.
**You're a really nice guy.**
유어 러 뤼리 나이스 가이

🍦 저는 당신 같은 사람이 좋아요.
**You are my kind of man.**
유 아 마이 카인더브 맨

🍦 당신은 정말 너그러우시군요.
**You're a bighearted person.**
유어 러 빅할티드 퍼슨

🍦 당신은 참 개성적이에요.
**You have quite a personality.**
유 햅 콰잇터 퍼스낼러리

🍦 성격이 원만하시군요.
**You're a well-rounded person.**
유어 러 웰-라운디드 퍼슨

자신의 의견을
말하고자 할 때

🔊 제게는,
**As for me, ...**
애즈 풔 미

🔊 나에게는,
**As far as I'm concerned, ...**
애즈 화 애즈 아임 컨썬드

🔊 내 생각은,
**In my opinion, ...**
인 마이 오피년

🔊 나는 ~라고 생각합니다.
**I think ~**
아이 씽크

🔊 (분명히) ~라고 생각합니다.
**I believe ~**
아이 빌리브

다른 사람의
성격을 말할 때

🍦 그 사람 성격이 어때요?

**What's his personality?**

왓츠 히즈 퍼스낼러리

🍦 그는 어떤 성격의 사람입니까?

**What is he like?**

왓 이즈 히 라익

🍦 그는 아마 그저 말이 없는 성격일 겁니다.

**He's probably just quiet.**

히즈 프라버블리 저슷 콰이엇트

🍦 그는 자신밖에 모릅니다.

**He's only out for himself.**

히즈 온리 아웃 휘 힘쎌ㅎ

🍦 그녀는 성격이 둥글둥글해.

**She is easygoing.**

쉬 이즈 이지고잉

🍦 그녀는 성격이 아주 좋습니다.

**She's got a great personality.**

쉬즈 가러 그뤠잇 퍼스낼러리

의견과 견해를
물을 때

👥 이걸 어떻게 하면 될까요?
**What should I do with this?**
왓 슈드 아이 두 위드 디스

👥 이걸 어떻다고 생각하세요?
**What do you think about this?**
왓 두 유 씽커바웃 디스

👥 무슨 말을 하려는 거죠?
**What would you like to say?**
왓 우드 유 라익 투 쎄이

👥 내게 설명 좀 해 주시겠어요?
**Can you fill me in?**
캔 유 필 미 인

👥 그게 사실인가요?
**Is it true?**
이즈 잇 트루

👥 그게 그런 건가요?
**Is that so?**
이즈 댓 쏘

자신의 성격을
말할 때

🍦 저는 다정한 편인 것 같습니다.
**I think I'm friendly.**
아이 씽크 아임 후렌들리

🍦 저는 늘 활동적입니다.
**I'm always on the move.**
아임 올웨이즈 온 더 무브

🍦 저는 사교적입니다.
**I'm sociable.**
아임 쏘셔블

🍦 저는 섬세하면서도 대담하다고 생각합니다.
**I think I'm both sensitive and brave.**
아이 씽크 아임 보스 쎈써티브 앤 브레이브

🍦 내성적이라고 생각합니다.
**I think I'm an introvert.**
아이 씽크 아임 언 인트로벗트

🍦 저는 별로 사교적이지 않습니다.
**I'm not really sociable.**
아임 낫 륄리 쏘셔블

# 84
---
# 365

의견에 대해
긍정할 때

---

🎄 흥미 있는 얘기입니다.
**That sounds like fun.**
댓 사운즈 라익 훤

🎄 문제없어요.
**No problem.**
노 프라블럼

🎄 좋아요.
**Sounds great.**
사운즈 그뤠잇ㅌ

🎄 이것으로 하겠어요.
**Well, I'll take this.**
웰 아윌 테익 디스

🎄 제가 그것을 보장합니다.
**I give my word on it.**
아이 깁 마이 월드 온 잇

🎄 그럴 수도 있겠죠.
**Could be.**
쿧 비

성격을 물을 때

🍦 당신의 성격은 어떻습니까?
**What is your personality like?**
왓 이즈 유어 퍼스낼러디 라익

🍦 당신은 리더입니까, 추종하는 편입니까?
**Are you a leader or a follower?**
아 유 어 리더 오어 러 활로워

🍦 당신의 약점은 무엇입니까?
**What are your weaknesses?**
왓 아 유어 위크니시스

🍦 자신을 어떤 성격의 소유자라고 생각하십니까?
**What kind of personality do you think you have?**
왓 카인더브 퍼스낼러티 두 유 씽큐 햅

🍦 남을 따르는 편입니까, 남을 이끄는 편입니까?
**Are you more of a follower or a leader?**
아 유 모어 어버 활로어 오어 러 리더

의견에 대해
부정할 때

🗣 누가 댁의 의견 따위를 물었나요?
**Who asked for your two cents?**
후 애슥트 휘 유어 투 센츠

🗣 그걸 뭐라고 꼬집어 말할 수는 없습니다.
**I can't pinpoint it.**
아이 캔트 핀포인트 잇

🗣 두고 봐야죠.
**We'll have to wait and see.**
위윌 햅 투 웨잇트 앤 씨

🗣 가망이 없어요.
**Chances are slim.**
챈시스 싸 슬림

🗣 저하고는 거리가 멉니다.
**Far from it.**
화 흐로밋

🗣 상관없어요.
**That doesn't matter.**
댓 더즌 매러

패션에 대해서

🍦 내 옷 어때요?
**What do you think of my outfit?**
왓 두 유 씽커브 마이 아웃휫

🍦 옷 입는 감각이 아주 좋으시군요.
**You're very fashionable.**
유어 베리 해쎠너블

🍦 그 여자는 화장을 안 했어요.
**She isn't wearing any make-up.**
쉬 이즌트 웨어링 애니 메이컵

🍦 이 옷이 정말 마음에 안 들어요.
**I don't really like these clothes.**
아이 돈 륄리 라익 디즈 클로우쓰

🍦 그게 무슨 말이세요! 보기 좋은데요.
**What nonsense! You look just fine.**
왓 넌쎈스 유 룩 저슷트 화인

🍦 저는 패션에 매우 민감해요.
**I'm extremely sensitive to fashion.**
아임 익스트림리 쎈써티브 투 홰션

의견을
칭찬할 때

훌륭한 의견 감사합니다.
**Thanks for the great idea.**
쌩즈 풔 더 그뤠잇 아이디어

천만에요. 그 생각은 당신이 해낸 건데요.
**Don't mention it. It was your idea.**
돈 멘션 잇 잇 워즈 유어 아이디어

당신 말에도 일리가 있어요.
**You are partly right.**
유 아 파틀리 롸잇

정말 좋은 생각이군요!
**What a good idea!**
와러 굳 아이디어

그거 좋은 생각 같군요.
**That sounds like a good idea.**
댓 싸운즈 라이커 굳 아이디어

그거 환상적인 생각이네요!
**That's a fantastic idea!**
댓쳐 홴태스틱 아이디어

외모에 대해서

🍦 미남이시군요.
**You are handsome.**
유 아 핸썸

🍦 아, 가까이서 보니 훨씬 미남이시군요.
**Oh, you're even better looking up close.**
오 유어 이븐 베러 룩킹 업 클로우즈

🍦 아름다우시군요.
**You are beautiful.**
유 아 뷰티홀

🍦 건강해 보이십니다.
**You are in fine shape.**
유 아 인 화인 쉐잎

🍦 너 예쁘구나.
**You are cute.**
유 아 큣트

🍦 몸매가 날씬하군요.
**You have a nice body.**
유 해버 나이스 바디

### 동의할 때

좋은 생각입니다.
**That sounds good.**
댓 사운즈 굿

동의합니다.
**I agree with you.**
아이 어그뤼 위듀

당신에게 동의합니다.
**I'm with you.**
아임 위듀

전적으로 동의합니다.
**I agree completely.**
아이 어그뤼 컴플리틀리

예, 동의합니다.
**Yes, it's a deal.**
예스 잇츠 어 딜

체중에 대해서

🍦 최근에 체중이 좀 늘었어요.
**I've gained some weight recently.**
아이브 게인드 썸 웨잇트 리쎈틀리

🍦 요즘 체중을 좀 줄였어요.
**I've lost some weight these days.**
아이브 롸숫트 썸 웨잇트 디즈 데이즈

🍦 체중이 얼마입니까?
**How much do you weigh?**
하우 머취 두 유 웨잇트

🍦 키에 비해 몸무게가 많이 나갑니다.
**I'm overweight for my height.**
아임 오버웨잇 훠 마이 하잇트

🍦 허리가 굵어질까 조심하고 있습니다.
**I'm trying to watch my waist line.**
아임 트라잉 투 와취 마이 웨이슷트 라인

🍦 허리 살을 좀 빼려고 합니다.
**I'm trying to make my waist slim.**
아임 트라잉 투 메익 마이 웨이슷트 슬림

부분적으로
동의할 때

📅 백번 옳은 이야기입니다만,
**I couldn't agree more, but ~**
아이 쿠든 어그뤼 모어 벗

📅 ~에 전적으로 동의하지는 않습니다.
**I don't entirely agree with ~**
아이 돈 인타이얼리 어그뤼 위드

📅 무슨 말씀인지는 알겠습니다마는,
**I see what you mean, but ~**
아이 씨 왓 유 민 벗

📅 무슨 말씀인지는 알겠습니다마는,
**I see your point, but ~**
아이 씨 유어 포인트 벗

📅 어느 정도는 그렇습니다마는,
**To a certain extent, yes, but ~**
투 어 써튼 익스텐트 예스 벗

📅 아마 맞을 겁니다마는,
**Yes, maybe(= perhaps), but**
예스 메이비(= 퍼햅스) 벗

체격에 대해서

🍦 키가 얼마나 되죠?
## How tall are you?
하우 톨 아 유

🍦 5피트 3인치입니다.
## I'm five feet three inches.
아임 화이브 휫트 쓰리 인치스

🍦 키가 얼마입니까?
## What's your height?
왓츠 유어 하잇트

🍦 키가 큰 편이군요.
## You're rather tall.
유어 래더 톨

🍦 저는 키가 약간 작습니다.
## I'm a little short.
아임 어 리틀 숄트

상대방이 옳고
자신이 틀렸다고
할 때

🗣 예, 아마 그 점에 대해서는 제가 틀렸습니다만,
**(Yes,) Perhaps I'm wrong there. But ~**
(예스) 퍼햅쓰 아임 롱 데어 벗

🗣 바로 그 말씀을 하시려는군요.
**(Yes,) Perhaps you have a point (there).**
(예스) 퍼햅쓰 유 해버 포인트 (데어).

🗣 그건 생각해 보지 못했군요.
**Yes, I hadn't thought of that.**
예스 아이 해든 쏱 어브 댓

🗣 예, 물론입니다.
**Yes, of course.**
예스 업 콜스

🗣 미안합니다. 당신 말이 옳습니다.
**Yes, sorry. You're (quite) right.**
예스 쏘리. 유아 (콰잇) 롸잇

🗣 당신 말이 충분히 옳은 이야기입니다.
**You may well be right.**
유 메이 웰 비 롸잇

레저에 대해서

🍦 수영하러 갑시다.
**Let's go swimming.**
렛츠 고 스위밍

🍦 어떤 영법의 수영을 좋아하십니까?
**What style of swimming do you like best?**
왓 스타일 어브 스위밍 두 유 라익 베슷트

🍦 저는 수영을 잘 못합니다.
**I am a poor swimmer.**
아이 앰 어 푸어 스위머

🍦 저는 수영을 아주 잘합니다.
**I swim like a fish.**
아이 스윔 라이커 휘쉬

🍦 스키를 좋아하세요?
**Do you enjoy skiing?**
두 유 인죠이 스킹

🍦 매일 아침 조깅하러 갑니다.
**I go jogging every morning.**
아이 고우 조깅 에브리 모닝

## 찬성할 때

찬성합니다.
**I'll buy that.**
아월 바이 댓

그 계획에 찬성합니다.
**I agree with the plan.**
아이 어그뤼 위드 더 플랜

그것에 찬성합니다.
**I'm in favor of it.**
아임 인 풰이버브 잇

유감스럽지만, 찬성합니다.
**I hate to say it, but I agree.**
아이 헤잇 투 쎄이 잇 벗 아이 어그뤼

당신의 모든 의견에 찬성입니다.
**I agree with you in all your views.**
아이 어그뤼 위듀 인 올 유어 뷰스

한 가지 조건부로 그의 의견에 찬성합니다.
**I agree with his opinion on one condition.**
아이 어그뤼 위드 히즈 오피년 온 원 컨디션

🍦 전 축구를 해요.

**I play soccer.**

아이 플레이 싸커

🍦 그 축구경기 보셨어요?

**Did you watch the soccer game?**

디드 유 와치 더 싸커 게임

🍦 학창 시절에 축구 선수였습니다.

**I was a football player in my school days.**

아이 워즈 어 풋볼 플레이어 인 마이 스쿨 데이즈

🍦 난 축구에 관심이 없어.

**I'm not interested in football.**

아임 낫 인터뤠스티드 인 풋볼

🍦 모든 스포츠 중에서 야구를 가장 좋아해.

**I like baseball the best of all the sports.**

아이 라익 베이스볼 더 베슷터브 얼 더 스폿츠

🍦 나는 야구광이야.

**I am a baseball buff.**

아이 애머 베이스볼 법ㅎ

반대할 때

그것에 반대합니다.
**I'm against it.**
아임 어겐슷트 잇

그 계획에 찬성할 수 없어요.
**I can't agree to the plan.**
아이 캔트 어그뤼 투 더 플랜

그 계획에는 반대합니다.
**I'm opposed to the plan.**
아임 어포우즈 투 더 플랜

그건 절대 반대입니다.
**I'm absolutely against it.**
아임 앱쏠루틀리 어겐슷트 잇

당신 말에 찬성할 수 없습니다.
**I can't agree with your remarks.**
아이 캔트 어그뤼 위듀어 리막스

그 의견에 반대합니다.
**I'm against that plan.**
아임 어겐슷트 댓 플랜

# 275
## 365

스포츠 중계를
볼 때

🍦 TV 경기 중계를 보러 집에 일찍 왔어.
**I was home early to watch the game on TV.**
아이 워즈 홈 얼리 투 와취 더 게임 온 티비

🍦 나는 TV로 프로야구 경기를 보는 걸 좋아해.
**I like to watch baseball on TV.**
아이 라익투 와취 베이스볼 온 티비

🍦 나는 TV로 야구 경기하는 것을 보았어.
**I watched the baseball game on TV.**
아이 와취드 더 베이스볼 게임 온 티비

🍦 오늘 밤 그 경기가 텔레비전에 중계됩니까?
**Is the game on tonight?**
이즈 더 게임 온 투나잇

🍦 언제 중계됩니까?
**When is it on?**
웬 이즈 잇 온

🍦 이 게임은 실황중계입니까?
**Is this game live?**
이즈 디스 게임 라이브

# 92
## 365

다소 불확실하게
대답할 때

🗓 그럴지도 모르겠군요.
## That may be right.
댓 메이 비 롸잇

🗓 그럴 거야.
## I guess so.
아이 게스 쏘

🗓 그럴지도 모르겠어요.
## That may be true.
댓 메이 비 트루

🗓 아마 그럴 거야.
## Sort of.
쏠트 어브

🗓 경우에 따라서요.
## It depends.
잇 디펜즈

🗓 아마도.
## Probably.
프라버블리

275

365

스포츠를 관전할
때

🍦 저는 스포츠를 잘하지는 못하지만 보는 것은 좋아합니다.

**I'm not good at sports, but I like to watch games.**

아임 낫 굳 앳 스폿츠 벗 아이 라익 투 와취 게임즈

🍦 경기장에서 직접 관람하는 것이 더 흥미진진한 것 같아요.

**I think watching a live game is much more thrilling.**

아이 씽크 와칭 어 라이브 게임 이즈 머취 모어 쓰릴링

🍦 경기는 언제 열리는 겁니까?

**When will the match take place?**

웬 윌 더 매취 테익 플래이스

🍦 어느 팀이 이길 것 같습니까?

**Which team looks like it will win?**

위치 팀 룩스 라이킷 윌 윈

🍦 점수가 어떻게 됐어요?

**What's the score?**

왓츠 더 스코어

🍦 누가 이기고 있죠?

**Who's winning?**

후즈 위닝

주의를 줄 대

🔊 조심해!
## Watch out!
와취 아웃

🔊 그러면 안 돼요.
## You cannot do that.
유 캔낫 두 댓

🔊 이러시면 안 되는데요.
## You shouldn't do this.
유 슈든트 두 디스

🔊 개의치 마십시오.
## Please don't bother.
플리즈 돈 바더

🔊 쓸데없는 짓 마요.
## Don't ask for trouble.
돈 애스크 풔 트러블

스포츠에 대해서

🍦 좋아하는 스포츠가 뭡니까?
### What's your favorite sport?
왓츠 유어 훼이버릿 스포트

🍦 운동하는 걸 좋아합니까?
### Do you like to exercise?
두 유 라익 투 엑써싸이즈

🍦 무슨 스포츠를 잘하세요?
### What sports are you good at?
왓 스포츠 아 유 굳 앳

🍦 저는 스포츠 광입니다.
### I'm a sports nut.
아임 어 스포츠 넛

🍦 당신은 얼마나 자주 운동을 하세요?
### How often do you work out?
하우 오픈 두 유 워카웃

꾸짖을 때

다시는 절대 그러지 말게나.
## You'll never do that again.
유월 네버 두 댓 어겐

그런 법이 어디 있어요?
## How did you get that way?
하우 디쥬 겟 댓 웨이

행동으로 옮기든지, 입 다물고 있든지 해!
## Put up or shut up!
푸럽 오어 셔럽

너희들 나머지도 다 마찬가지야.
## The same goes for the rest of you.
더 쎄임 고우즈 훠 더 뤠슷트 어뷰

당신 정신 나갔어요?
## Are you out of your mind?
아 유 아웃 어뷰어 마인드

네 책임이야.
## You're to blame.
유어 투 블레임

다이어트에
대해서

🍦 저는 다이어트 중입니다.
**I've been dieting.**
아이브 빈 다이어팅

🍦 다이어트를 할까 해요.
**I'm going to go on a diet.**
아임 고잉 투 고 온 어 다이엇ㅌ

🍦 다이어트를 하기로 결심했어.
**I decided to go on a diet.**
아이 디싸이디드 투 고 온 어 다이엇ㅌ

🍦 좀 더 엄격한 다이어트를 할 거야.
**I resolve to go on a stricter diet.**
아이 리졀브 투 고 온 어 스트릭터 다이엇ㅌ

🍦 다이어트 좀 해야겠어.
**I think I should go on a diet.**
아이 씽 아이 슈드 고 온 어 다이엇ㅌ

🍦 무리한 다이어트는 건강에 좋지 않다.
**Crash diets are not good for the health.**
크래쉬 다이엇ㅊ 아 낫 굳 휘 더 헬쓰

타이를 때

📅 도중에 일을 그만두면 안 돼요.
**You should finish what you start.**
유 슈드 휘니쉬 왓 유 스탓ㅌ

📅 그것을 하는 것이 네 의무야.
**It's your duty (to do that).**
잇츠 유어 듀리 (투 두 댓)

📅 너에게 필요한 것은 좀 더 노력하는 일이야.
**What you need is to make a little more effort.**
왓 유 니드 이즈 투 메이커 리를 모어 에훳ㅌ

📅 좀 더 힘내는 거야.
**You should try a little harder.**
유 슈드 트라이 어 리를 하더

📅 자존심을 가져라.
**Respect yourself.**
리스펙ㅌ 유어쎌ㅎ

📅 달리 생각할 수는 없니?
**Can't you think of it differently?**
캔트 유 씽커브 잇 디퍼런틀리

컨디션에
대해서

🍦 기분은 어때요?
# How are you feeling?
하우 아 유 휠링

🍦 힘이 없어 보여.
# You don't look very well.
유 돈 룩 베리 웰

🍦 괜찮아요?
# Are you all right?
아 유 올 롸잇

🍦 오늘 컨디션은 어떻습니까?
# How are you feeling today?
하우 아 유 휠링 투데이

🍦 컨디션은 좀 어때요?
# How do you feel?
하우 두 유 휠

🍦 어제보다는 훨씬 컨디션이 좋아요.
# I feel much better than yesterday.
아이 휠 머취 베러 댄 예스터데이

변명을 듣고 싶지
않을 때

📅 변명하지 마세요.
**Stop making excuses.**
스탑 메이킹 익스큐지스

📅 변명은 듣고 싶지 않아.
**I don't want to hear your excuses.**
아이 돈 원 투 히어 유어 익스큐지스

📅 이제 변명은 됐어.
**I've had enough of your excuses.**
아이브 해드 이넢ㅎ 어뷰어 익스큐지스

📅 그건 변명이 안 돼.
**That's no excuse.**
댓츠 노우 익스큐스

📅 억지 변명하지 마세요.
**Don't quibble.**
돈 퀴블

건강관리에
대해서

🍦 운동을 많이 하십니까?
## Do you get much exercise?
두 유 겟 머취 엑써싸이즈

🍦 건강 유지를 위해 무엇을 하세요?
## What do you do to stay healthy?
왓 두 유 두 투 스테이 헬씨

🍦 운동은 건강에 좋아.
## Exercise is good for the health.
엑써싸이즈 이즈 굿 휘 더 헬쓰

🍦 저는 건강을 유지하려고 노력하고 있습니다.
## I try to keep in shape.
아이 트라이 투 킵 인 쉐잎

🍦 술을 줄이려고 마음먹었어.
## I'm trying to drink less.
아임 트라잉 투 드링크 레스

🍦 흡연은 건강에 나빠요.
## Smoking is bad for your health.
스모킹 이즈 배드 휘 유어 헬쓰

- 나를 실망시키지 마세요.
  ## Don't let me down.
  돈 렛 미 다운

- 잊지 말고 기억하세요.
  ## Keep that in mind.
  킵 댓 인 마인드

- 자존심을 버리세요.
  ## Pocket your pride.
  파킷 유어 프라이드

- 이것을 잠깐 보십시오.
  ## Take a gander at this.
  테이커 갠더 앳 디스

- 최선을 다해라.
  ## Be all you can be.
  비 올 유 캔 비

건강에 대해서

🍦 나는 건강해.
## I am well(= healthy, sound).
아이 앰 웰(= 헬씨, 사운드)

🍦 참 건강하시네요.
## You are in very good shape.
유 아 인 베리 굿 쉐잎

🍦 나는 요즈음 건강하지 못한 것 같아.
## I think I haven't been feeling well recently.
아이 씽ㅋ 아이 해븐ㅌ 빈 휠링 웰 리쎈틀리

🍦 건강 걱정이 많이 돼.
## I am very worried about my health.
아이 앰 베리 워리드 어바웃 마이 헬쓰

🍦 건강이 예전 같지 않아.
## I am not as healthy as I used to be.
아이 앰 낫 애즈 헬씨 애즈 아이 유즈드 투 비

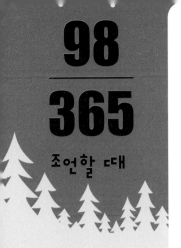

🎁 쉬는 게 좋지 않겠어요?
### Why don't you stay in bed?
와이 돈츄 스테이 인 베드

🎁 영어회화 개인교습을 받아 보지 그래?
### Why don't you take private English conversation lessons?
와이 돈츄 테익 프라이빗 잉글리쉬 컨버쎄이션 레슨스

🎁 이제 슬슬 가는 게 좋지 않겠니?
### Hadn't you better be going?
해든 츄 베러 비 고잉

🎁 포기하지 않는 게 좋겠어.
### We'd better not give it up.
위드 베러 낫 기버럽

🎁 남이야 뭘 하든 상관 않는 것이 좋을 겁니다.
### Don't poke your nose into my business.
돈 폭 유어 노우즈 인투 마이 비지니스

🎁 규칙대로 하는 것이 좋을 겁니다.
### You'd better go by the book.
유드 베러 고우 바이 더 북

맛에 대해서

🍦 맛이 어떻습니까?
## How does it taste?
하우 더즈 잇 테이슷트

🍦 아주 맛있는데요.
## It's very good.
잇츠 베리 굳

🍦 이 음식은 너무 맵군요.
## This food is spicy.
디스 후드 이즈 스파이시

🍦 군침이 도는군요.
## My mouth is watering.
마이 마우쓰 이즈 워터링

🍦 생각보다 맛있군요.
## It's better than I expected.
잇츠 베러 댄 아이 익스펙티드

🍦 이건 맛이 별로 없군요.
## This is not good.
디스 이즈 낫 굳

의무·당연을
나타낼 때

오늘은 쇼핑 가야겠어요.
**I have to go shopping today.**
아이 햅 투 고 샤핑 투데이

영어를 더욱 연습해야겠어요.
**I have to practice my English more.**
아이 햅 투 프랙티스 마이 잉글리쉬 모어

시간이 없으니까 서두르지 않으면 안 됩니다.
**We have to hurry up since we have no time.**
위 햅 투 허리 업 씬스 위 햅 노 타임

가야겠습니다.
**I must be going.**
아이 머슷 비 고잉

보고서는 영어로 써야 합니다.
**The report must be written in English.**
더 리폿 머슷 비 뤼튼 인 잉글리쉬

조심해야 합니다.
**You should be careful.**
유 슈드 비 케어훌

식욕과 취향에
대해서

🍦 전 뭐든 잘 먹어요.
**I eat just about everything.**
아이 잇 저슷트 어바웃 에브리씽

🍦 전 먹는 걸 안 가려요.
**I'm not picky about my food.**
아임 낫 피키 어바웃 마이 후드

🍦 전 식성이 까다로워요.
**I'm a picky eater.**
아임 어 피키 이러

🍦 전 음식을 가려먹어요.
**I'm fussy about food.**
아임 훠씨 어바웃 후드

🍦 저는 돼지고기를 못 먹어요.
**Pork doesn't agree with me.**
포크 더즌 어그뤼 위드 미

🍦 이걸 먹으면 속이 좋지 않습니다.
**This makes me sick.**
디스 메익스 미 씩

# 100 / 365

제안할 때

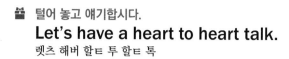

- 털어 놓고 얘기합시다.
  **Let's have a heart to heart talk.**
  렛츠 해버 할ㅌ 투 할ㅌ 톡

- 이제 그만합시다.
  **Let's beat it.**
  렛츠 빗 잇

- 오늘은 이만 합시다.
  **Let's call it a day.**
  렛츠 코릿 어 데이

- 쉽시다.
  **Let's take a short rest.**
  렛츠 테익 어 숄ㅌ 뤠슷ㅌ

- 야, 숨 좀 쉬자.
  **Let me catch my breath.**
  렛 미 캐춰 마이 브레쓰

요리에 대해서

🍦 나는 요리하는 것을 좋아해.
**I like to cook food.**
아이 라익투 쿡 후드

🍦 나는 요리를 잘해.
**I am good at cooking.**
아이 앰 굿 앳 쿠킹

🍦 나는 요리를 못해.
**I can't cook.**
아이 캔트 쿡

🍦 나는 모든 종류의 음식을 요리할 수 있어.
**I can cook all kinds of dishes.**
아이 캔 쿡 얼 카인져브 디쉬스

🍦 나는 그것을 요리하는 방법을 알고 있었어.
**I knew how to cook it.**
아이 뉴 하우 투 쿠킷

권유할 때

🎤 테니스 치러 가시죠?

**Why don't we go play tennis?**

와이 돈 위 고 플레이 테니스

🎤 괜찮다면 같이 가시죠?

**You're welcome to join us, if you want.**

유어 웰컴 투 조이너스 이퓨 원트

🎤 저하고 쇼핑 가실래요?

**How about going shopping with me?**

하우 어바웃 고잉 샤핑 위드 미

🎤 커피 한 잔 드시겠어요?

**Would you like a cup of coffee?**

우쥬 라익 어 컵 어브 커피

🎤 창문을 열까요?

**Would you like me to open the window?**

우쥬 라익 미 투 오픈 더 윈도우

🎤 내일, 저녁이나 같이 안 하시겠습니까?

**May I take you to dinner tomorrow?**

메이 아이 테익 유 투 디너 투마로우

영화에 대해서

🍦 어떤 영화를 좋아하세요?
**What kind of movies do you like?**
왓 카인더브 무비스 두 유 라익

🍦 저는 영화광입니다.
**I'm a film buff.**
아임 어 휘름 법ㅎ

🍦 어떤 종류의 영화를 즐겨 보십니까?
**What kind of films do you enjoy watching?**
왓 카인더브 휘름ㅅ 두 유 인죠이 와칭

🍦 영화배우 중에서 누구를 가장 좋아하세요?
**Who do you like best among movie stars?**
후 두 유 라익 베숫ㅌ 어몽 무비 스타ㅅ

🍦 영화를 자주 보러 갑니까?
**Do you go to the movies very often?**
두 유 고 투 더 무비스 베리 오흔

🍦 그 영화의 주연은 누구입니까?
**Who is starring in the movies?**
후 이즈 스타링 인 더 무비스

제안·권유에
응할 때

🔊 좋습니다.
## OK.
오케이

🔊 네, 그렇게 하겠습니다.
## Yes, I'd love to.
예스 아이드 럽 투

🔊 괜찮다면, 제가 함께 가 드리겠습니다.
## I'll go with you, if you like.
아윌 고우 위듀 이퓨 라익

🔊 감사합니다. 그렇게 해 주세요.
## Thank you. Please do.
쌩큐 플리즈 두

🔊 네가 말한 대로 할게.
## Anything you say.
애니씽 유 쎄이

🔊 그거 좋은 생각이군요.
## That's a good idea.
댓쳐 군 아이디어

공연 관람에
대해서

🍦 극장 이름은 뭡니까?
**What's the name of the theater?**
왓츠 더 네임 어브 더 씨어터

🍦 오늘 밤엔 무얼 합니까?
**What's on tonight?**
왓츠 온 투나잇

🍦 8시부터 뮤지컬을 공연합니다.
**There's a musical at 8:00 P.M.**
데얼즈 어 뮤지컬 앳 에잇 피엠

🍦 재미있습니까?
**Is it good?**
이즈 잇 굳

🍦 누가 출연합니까?
**Who appears on it?**
후 어피어스 오닛

🍦 오늘 표는 아직 있습니까?
**Are today's tickets still available?**
아 투데이즈 티켓츠 스틸 어베일러블

# 103
## 365

제안·권유를
거절할 때

---

🔊 그럴 기분이 아닙니다.
**I don't feel like it.**
아이 돈 휠 라이킷

🔊 다음 기회로 미룰까요?
**Can you give me a rain check?**
캔 유 깁 미 어 뤠인 첵ㅋ

🔊 그렇게 하지 맙시다.
**No, we'd rather not.**
노 위드 래더 낫

🔊 고맙지만, 됐습니다.
**No, thank you.**
노 쌩큐

🔊 그럴 생각이 없습니다.
**I'm not ready for that.**
아임 낫 뤠디 휘 댓

🔊 저는 쇼핑하고 싶지 않습니다.
**I don't feel like shopping.**
아이 돈 휠 라익 샤핑

텔레비전에
대해서

🍦 텔레비전을 자주 보세요?

## Do you watch TV often?

두 유 와취 티비 오픈

🍦 어떤 텔레비전 프로그램을 좋아하십니까?

## Which program do you enjoy most?

위치 프로그램 두 유 인죠이 모숫트

🍦 그게 언제 방송되죠?

## When is it on?

웬 이즈 잇 온

🍦 그것을 텔레비전으로 중계하나요?

## Are they televising it?

아 데이 텔러바이징 잇

🍦 몇 게임이나 텔레비전으로 중계됩니까?

## How many games are televised?

하우 매니 게임즈 아 텔러바이즈드

🍦 지금 텔레비전에서 무엇을 하죠?

## What's on TV?

왓츠 온 티비

부탁할 때

🎁 부탁 하나 해도 될까요?
**Can I ask you a favor?**
캔 아이 애슥 큐 어 훼이버

🎁 실례합니다. 부탁 하나 들어 주시겠어요?
**Excuse me. Would you do me a favor?**
익스큐즈 미 우쥬 두 미 어 훼이버

🎁 부탁드릴 게 하나 있습니다.
**I have a big favor to ask you.**
아이 해버 빅 훼이버 투 애슥 큐

🎁 부탁 좀 드려도 될까요?
**Could I ask you to do something for me?**
쿠드 아이 애슥 큐 투 두 썸씽 훠 미

🎁 잠시 폐를 끼쳐도 될까요?
**May I bother you for a moment?**
메이 아이 바더 유 훠 러 모먼트

라디오에 대해서

🍦 라디오 켜도 괜찮지?
### Do you mind if I turn on the radio?
두 유 마인드 이프 아이 턴 온 더 뤠디오

🍦 전 라디오가 없어요.
### I didn't have my radio on.
아이 디든 햅 마이 뤠디오 온

🍦 그는 라디오를 갖고 있지 않나요?
### Doesn't he have a radio?
더즌 히 해버 뤠디오

🍦 나는 라디오에 나왔습니다.
### I was on the radio.
아이 워즈 온 더 뤠디오

🍦 그는 라디오에 자주 나오는 사람이야.
### He is a radio personality.
히 이져 뤠디오 퍼스낼러티

🍦 난 그것을 라디오에서 들었어요.
### I heard it on the radio.
아이 헐 딧 온 더 뤠디오

구체적으로
부탁할 때

---

👥 좀 태워다 주시겠습니까?

**Would you mind giving me a ride?**

우쥬 마인드 기빙 미 어 롸이드

👥 내일 제가 차를 쓸 수 있을까요?

**Can I possibly have the car tomorrow?**

캔 아이 파서블리 햅 더 카 투마로우

👥 당신 것을 빌려 주시겠습니까?

**Would you lend me yours, please?**

우쥬 렌 미 유얼스 플리즈

👥 돈을 좀 빌릴 수 있을까요?

**May I borrow some money?**

메이 아이 바로우 썸 머니

👥 문 좀 열어 주시겠어요?

**Would you mind opening the door, please?**

우쥬 마인 오프닝 더 도어 플리즈

👥 저와 함께 가실래요?

**Would you like to join me?**

우쥬 라익 투 조인 미

그림에 대해서

🍦 저는 그림 그리기를 좋아합니다.
## I like painting.
아이 라익 페인팅

🍦 저는 미술 작품 감상을 좋아합니다.
## I enjoy looking at art collections.
아이 인죠이 룩킹 앳 알트 컬렉션스

🍦 그건 누구 작품이죠?
## Who is it by?
후 이즈 잇 바이

🍦 미술관에 자주 갑니다.
## I often go to art galleries.
아이 오흔 고 투 알트 갤러리즈

🍦 어떻게 그림을 그리게 되셨습니까?
## How did you start painting?
하우 디쥬 스탓트 페인팅

🍦 정말 아름다운 작품이군요!
## What a beautiful piece of work!
왓 어 뷰티홀 피스 어브 웍

# 106

---

# 365

가벼운 명령조로
부탁할 때

- 문을 닫아 주세요.
**Shut the door, please.**
셧 더 도어 플리즈

- 스위치를 켜 주세요.
**Just turn it on, please.**
저슷 턴 잇 온 플리즈

- 돈 좀 꿔 줄래요?
**Could you please lend me some money?**
쿠쥬 플리즈 렌 미 썸 머니

- 잠시 기다려요.
**Just a moment, please.**
저슷터 모먼 플리즈

- 커피 두 잔 주세요.
**Two coffees, please.**
투 커피즈 플리즈

- 저도 같은 걸로 주세요.
**The same for me, please.**
더 쩨임 훠 미 플리즈

음악에 대해서

🍦 어떤 음악을 좋아하세요?
## What kind of music do you like?
왓 카인더브 뮤직 두 유 라익

🍦 어떤 종류의 음악을 들으세요?
## What kind of music do you listen to?
왓 카인더브 뮤직 두 유 리슨 투

🍦 취미는 음악 감상입니다.
## My hobby is listening to music.
마이 하비 이즈 리스닝 투 뮤직

🍦 음악 듣는 것을 즐깁니다.
## I enjoy listening to music.
아이 인죠이 리스닝 투 뮤직

🍦 음악을 매우 좋아합니다.
## I'm very fond of music.
아임 베리 훤드 어브 뮤직

🍦 나는 음악에 별 소질이 없는 것 같아.
## I think I don't have a very good ear for music.
아이 씽크 아이 돈 해버 베리 굳 이어 휘 뮤직

**부탁을 들어줄 때**

👥 물론이죠.
**Sure.**
슈어

👥 예, 그러지요.
**Yes, certainly.**
예스 써튼리

👥 기꺼이 하겠습니다.
**I'll do my best for you.**
아윌 두 마이 베스트 훠 유

👥 그렇게 하세요.
**Go ahead.**
고 어헤드

👥 그렇고말고요.
**Of course.**
업 코스

👥 그럼요(문제없어요).
**No problem.**
노 프라블럼

## 259 / 365

신문과 잡지에
대해서

🍦 무슨 신문을 보십니까?
**Which paper do you read?**
위치 페이퍼 두 유 리드

🍦 오늘 신문을 보셨어요?
**Have you seen today's paper?**
해뷰 씬 투데이즈 페이퍼

🍦 신문 다 읽으셨습니까?
**Have you finished the paper?**
해뷰 휘니쉬드 더 페이퍼

🍦 어제 신문 읽어봤어요?
**Did you read the papers yesterday?**
디쥬 리드 더 페이펄스 예스터데이

🍦 한국의 신문이 있습니까?
**Do you have a Korean newspaper?**
두 유 해버 코리안 뉴스페이퍼

🍦 신문이 배달이 안 되었습니다.
**The newspaper wasn't delivered today.**
더 뉴스페이퍼 워즌 딜리버드 투데이

**부탁을 거절할 대**

🏛 안 되겠는데요.
**I'd rather not.**
아이드 래더 낫

🏛 미안하지만, 지금은 안 되겠는데요.
**I'm sorry, but I can't now.**
아임 쏘리 벗 아이 캔트 나우

🏛 미안하지만, 그렇게는 안 되겠는데요.
**I'm sorry, but I can't do it.**
아임 쏘리 벗 아이 캔트 두 잇

🏛 그건 무리한 요구입니다.
**It's a difficult task.**
잇츠 어 디피컬트 태슥크

🏛 시간이 필요합니다.
**It takes time.**
잇 테익스 타임

🍦 어떤 책을 즐겨 읽으십니까?

**What kind of books do you like to read?**

왓 카인더브 북스 두 유 라익 투 리드

🍦 저는 손에 잡히는 대로 다 읽습니다.

**I read everything I can get my hands on.**

아이 리드 에브리씽 아이 캔 겟 마이 핸즈 온

🍦 한 달에 책을 몇 권 정도 읽습니까?

**How many books do you read a month?**

하우 매니 북스 두 유 리드 어 먼쓰

🍦 책을 많이 읽으십니까?

**Do you read a lot?**

두 유 리드 어 랏

🍦 이 책은 재미없어요.

**This book is dull reading.**

디스 북 이즈 덜 리딩

🍦 이 책은 지루해요.

**This book bores me.**

디스 북 볼스 미

# 109
---
# 365

우회적으로
거절할 때

- 어쩐지 할 기분이 아니군요.
  **I'm not in the mood.**
  아임 낫 인 더 무드

- 아직 그럴 준비가 되지 않았습니다.
  **Well, I'm not ready for that yet.**
  웰 아임 낫 레디 풔 댓 옛

- 다음 기회에 꼭 할 거예요.
  **Give me a rain check, please.**
  깁 미 어 뤠인 첵 플리즈

- 금방은 무리라고 생각합니다.
  **I'm afraid I can't make it right away.**
  아임 어흐레이드 아이 캔트 메이킷 롸잇 어웨이

- 글쎄요. 다음 기회에.
  **Well, maybe some other time.**
  웰 메이비 썸 아더 타임

- 다른 사람에게 부탁해 보는 게 어때요?
  **Why don't you ask somebody else?**
  와이 돈츄 애슥크 썸바디 엘스

유흥에 대해서

🍦 이 근처에 유흥업소가 있습니까?

**Are there any clubs and bars around here?**

아 데어 애니 클럽스 앤 발스 어라운드 히어

🍦 좋은 나이트클럽은 있나요?

**Do you know of a good nightclub?**

두 유 노우 어버 굿 나잇클럽

🍦 저는 나이트클럽에 가는 걸 좀 피하는 편입니다.

**I tend to shy away from nightclubs.**

아이 텐 투 샤이 어웨이 흐롬 나잇클럽

🍦 디너쇼를 보고 싶은데요.

**I want to see a dinner show.**

아이 원투 씨 어 디너 쇼

🍦 이건 무슨 쇼입니까?

**What kind of show is this?**

왓 카인더브 쇼 이즈 디스

🍦 함께 춤추시겠어요?

**Will you dance with me?**

윌 유 댄스 위드 미

# 110
## 365

도움을 주고받을 때

👥 저 좀 도와주시겠어요?
**Excuse me, would you give me a hand?**
익스큐즈 미 우쥬 깁 미 어 핸드

👥 좀 도와주시겠어요?
**Could you lend me a hand?**
쿠쥬 렌 미 어 핸드

👥 도움이 필요하세요?
**Do you need any help?**
두 유 니드 애니 헬프

👥 당신의 도움이 필요해요.
**I need your help.**
아이 니드 유어 헬프

👥 도와드릴까요?
**May I help you?**
메이 아이 헬프 유

👥 뭘 해 드릴까요?
**What would you like me to do?**
왓 우쥬 라익 미 투 두

오락에 대해서

🍦 오락실 가는 것을 좋아합니다.
**I like to go to the arcades to play video games.**
아이 라익투 고 투 더 아케이즈 투 플레이 비디오 게임즈

🍦 이 호텔에는 카지노가 있습니까?
**Is there a casino in this hotel?**
이즈 데어 어 커씨노 인 디스 호텔

🍦 갬블을 하고 싶습니다.
**I'd like to gamble.**
아이드 라익투 갬블

🍦 쉬운 게임은 있습니까?
**Is there any easy game?**
이즈 데어 애니 이지 게임

🍦 좋은 카지노를 소개해 주시겠어요?
**Could you recommend a good casino?**
쿠드 유 뤠커멘더 굳 커씨노

설득할 때

👥 재검토해 주세요.
**Think it over.**
씽킷 오버

👥 날 믿어 주세요.
**Take my word for it.**
테익 마이 워드 훠릿

👥 제 말 좀 들어 주세요.
**You listen to me.**
유 리슨 투 미

👥 만약 내가 너라면 그렇게 하지 않았을 텐데.
**If I were you, I wouldn't do that.**
이프 아이 워 유, 아이 우든 두 댓

👥 그에게서 비밀을 캐내는 게 어때요?
**How about pumping the secret out of him?**
하우 어바웃 펌핑 더 씨크릿 아우더브 힘

🍦 나는 여행을 좋아합니다.
# I love traveling.
아이 럽 트래블링

🍦 여행은 즐거우셨나요?
# Did you have a good trip?
디쥬 해버 굳 트립

🍦 어디로 휴가를 가셨어요?
# Where did you go on vacation?
웨어 디쥬 고 온 버케이션

🍦 해외여행을 가신 적이 있습니까?
# Have you ever traveled overseas?
해뷰 에버 트래블드 오버씨스

🍦 당신은 오랫동안 여행해 본 적이 있습니까?
# Have you ever been on a long journey?
해뷰 에버 빈 온 어 롱 쥐니

🍦 그곳에 얼마나 머무셨습니까?
# How long did you stay there?
하우 롱 디쥬 스테이 데어

고집을 피울 때

내 방식대로 하겠어요.
**I'm bound to get it my way.**
아임 바운드 투 게릿 마이 웨이

저에게 강요하지 마세요.
**Don't force me to make a decision.**
돈 포스 미 투 메이커 디시즌

그는 항상 자기 마음대로 하려고 해요.
**He will always have his own way.**
히 윌 올웨이즈 햅 히즈 원 웨이

제가 처리하도록 하겠습니다.
**I'll take care of it.**
아윌 테익 케어 어브 잇

더 이상 이 일을 못 맡겠습니다.
**I can't take this job any more.**
아이 캔트 테익 디스 잡 애니 모어

여가 활동에
대해서

🍦 여가 시간에는 어떤 일을 하는 걸 좋아해요?

**What do you like to do in your spare time?**

왓 두 유 라익투 두 인 유어 스페어 타임

🍦 여가를 어떻게 보내십니까?

**How do you spend your free time?**

하우 두 유 스펜드 유어 후리 타임

🍦 주말에는 주로 무엇을 합니까?

**What do you usually do on weekends?**

왓 두 유 유절리 두 온 위켄즈

🍦 여가시간에 무얼 하십니까?

**What do you do in your spare time?**

왓 두 유 두 인 유어 스페어 타임

🍦 여가 시간에는 어떤 일을 하는 걸 좋아해요?

**What do you like to do in your spare time?**

왓 두 유 라익투 두 인 유어 스페어 타임

🍦 여가를 어떻게 보내세요?

**How do you spend your leisure time?**

하우 두 유 스펜드 유어 레져 타임

♟ 그의 제안을 어떻게 처리하실 건가요?

**What are you going to do with his proposal?**

와라유 고잉 투 두 위드 히즈 프로포절

♟ 당신은 누구 편이세요?

**Who do you agree with?**

후 두 유 어그뤼 위드

♟ 진심으로 그런 말을 하시는 겁니까?

**Do you seriously mean what you say?**

두 유 씨리어슬리 민 왓 유 쎄이

♟ 어떻게 할 작정입니까?

**What's the idea?**

왓츠 디 아이디어

♟ 무엇을 할 생각이세요?

**What do you want to do?**

왓 두 유 원투 두

♟ 당신의 속셈을 모르겠군요.

**I don't know what your game is.**

아이 돈 노우 왓 유어 게임 이즈

취미에 대해서

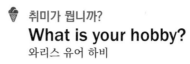

🍦 취미가 뭡니까?

**What is your hobby?**

와리스 유어 하비

🍦 무엇에 흥미가 있으세요?

**What are you interested in?**

와라유 인터뤠스티드 인

🍦 특별한 취미가 있습니까?

**Do you have any particular hobbies?**

두 유 햅 애니 퍼티큘러 하비즈

🍦 취미삼아 하는 거예요, 먹고 살기 위해 하는 거예요?

**Is that for a hobby or for a living?**

이즈 댓 휘 러 하비 오어 훠러 리빙

🍦 제 취미는 음악 감상입니다.

**My hobby is listening to music.**

마이 하비 이즈 리스닝 투 뮤직

# 114
## 365

당위성을
말할 때

---

📅 이만 가 봐야 합니다.
**I must go now.**
아이 머슷트 고 나우

📅 오늘은 야근을 해야 합니다.
**I have to work late today.**
아이 햅 투 웍 레잇 투데이

📅 거기에 가시면 안 됩니다.
**You're not supposed to go there.**
유어 낫 써포즈드 투 고 데어

📅 그에게도 기회를 줘야 합니다.
**You should give him a chance.**
유 슈드 깁 힘 어 챈스

📅 그 사람 말을 그대로 믿으시면 안 됩니다.
**You shouldn't take his word for it.**
유 슈든 테익 히즈 워드 훠릿

📅 그렇게 말하지 않을 수 없었어요.
**I couldn't help telling him.**
아이 쿠든 헬프 텔링 힘

**사업을 말할 때**

🍦 그리 나쁘지는 않습니다.
**It's not so bad.**
잇츠 낫 쏘 배드

🍦 그렇게 좋지는 않습니다.
**It's not so good.**
잇츠 낫 쏘 굳

🍦 사업이 잘됩니다.
**My business is brisk.**
마이 비지니스 이즈 브리스크

🍦 사업이 잘 안됩니다.
**My business is dull.**
마이 비지니스 이즈 덜

🍦 최근에 적자를 보고 있습니다.
**I've been in the red lately.**
아이브 빈 인 더 뤠드 레이틀리

🍦 늘 어렵습니다.
**I'm in trouble all the time.**
아임 인 트러블 올 더 타임

# 115
## 365

결심을 유보하거나
바꿀 때

- 지금은 말하고 싶지 않습니다.
  **I'd rather not say right now.**
  아이드 래더 낫 쎄이 롸잇 나우

- 그것에 대해 많이 생각해 봤어요.
  **I thought about it a lot.**
  아이 쏜 어바우릿 얼랏

- 글쎄, 어떻게 할까?
  **Well, let me see.**
  웰 렛 미 씨

- 밤새 잘 생각해 보세요.
  **Consult your pillow.**
  컨썰트 유어 필로우

- 좀 더 두고 봅시다.
  **Let's wait and see.**
  렛츠 웨잇 앤 씨

- 좀 더 생각해 보세요.
  **Sleep on it, please.**
  슬립 온 잇 플리즈

사업을 물을 때

🍦 당신의 직업에 만족하세요?
**Do you enjoy your job?**
두 유 인죠이 유어 잡

🍦 사업이 어떻습니까?
**How's business?**
하우즈 비지니스

🍦 컴퓨터 업계는 어떻습니까?
**How're things in the computer business?**
하우어 씽즈 인 더 컴퓨러 비지니스

🍦 사업은 잘되어 갑니까?
**How is business doing?**
하우 이즈 비지니스 두잉

🍦 새로 시작한 사업은 어떠세요?
**How's your new business coming?**
하우즈 유어 뉴 비지니스 커밍

🍦 당신의 일은 어떻게 되어 가고 있나요?
**How's your job going?**
하우즈 유어 잡 고잉

결심했을 때

🏧 어려운 결심을 하셨군요.

**You made a tough decision.**

유 메이더 텁ㅎ 디씨즌

🏧 절대 입 밖에 내지 않기로 맹세할게요.

**I swear my lips are sealed.**

아이 스웨어 마이 립싸 씰드

🏧 나는 작가가 되기로 결심했어요.

**I made up my mind to become a writer.**

아이 메이드 업 마이 마인드 투 비컴 어 롸이러

🏧 나는 굳게 결심했어.

**I had my heart set on going.**

아이 해드 마이 할ㅌ 쎄돈 고잉

🏧 죽을 때까지 기다리죠.

**I'll wait an eternity.**

아윌 웨잇 턴 이터너티

🏧 두고 보십시오.

**Just wait and see.**

저슷 웨잇 앤 씨

🍦 출판업에 종사하고 있습니다.
**I'm in the publishing industry.**
아임 인 더 퍼블리싱 인더스트뤼

🍦 컴퓨터 분석가입니다.
**I'm a computer analyst.**
아임 어 컴퓨러 애널리스트

🍦 지금은 일을 하지 않습니다.
**I'm not working now.**
아임 낫 워킹 나우

🍦 저는 자영업자입니다.
**I'm self-employed.**
아임 쎌ㅎ 임플로이드

🍦 저는 봉급생활자입니다.
**I'm a salaried worker.**
아임 어 쌜러리드 워커

🍦 저는 지금 실업자입니다.
**I'm unemployed right now.**
아임 언임플로이드 롸잇 나우

**결정할 때**

👥 결정하셨습니까?

## Did you make up your mind?
디쥬 메이컵 유어 마인드

👥 결정하기가 힘듭니다.

## It's hard to decide.
잇츠 할 투 디싸이드

👥 전 생각을 바꿨습니다.

## I've decided to change my mind.
아이브 디싸이디드 투 체인지 마이 마인드

👥 그것은 만장일치로 결정되었습니다.

## It was a unanimous decision.
잇 워져 유내너머스 디씨즌

👥 동전을 던져서 결정합시다.

## Let's flip for it.
렛츠 흘립 훠릿

👥 그건 당신이 결정할 일이에요.

## That's for you to decide.
댓츠 휘 유 투 디싸이드

직업을 물을 때

🍦 직업이 무엇입니까?
**What do you do (for a living)?**
왓 두 유 두 (훠 러 리빙)

🍦 어떤 업종에 종사하십니까?
**What line of business are you in?**
왓 라인 어브 비지니스 아 유 인

🍦 어떤 일을 하고 계십니까?
**What type of work do you do?**
왓 타이버브 웍 두 유 두

🍦 어떤 일에 종사하고 계십니까?
**What's your line?**
왓츠 유어 라인

🍦 실례지만, 지금 어떤 일을 하고 계십니까?
**What do you do, if I may ask?**
왓 두 유 두 이프 아이 메이 애슥크

# 118
## 365

결정하기
곤란하거나
못 했을 때

- 그건 제 마음대로 결정할 수가 없습니다.
  **I can't settle it on my own authority.**
  아이 캔트 쎄트릿 온 마이 온 어써리티

- 어떻게 해야 할지 모르겠군요.
  **I don't know where to turn.**
  아이 돈 노우 웨어 투 턴

- 어떻게 결정하셔도 저는 좋아요.
  **Whatever you decide is all right with me.**
  와레버 유 디싸이드 이즈 올 롸잇 위드 미

- 아직 결정을 못 했어요.
  **I haven't decided yet.**
  아이 해븐 디싸이디드 옛

- 아직 결정되지 않았습니다.
  **It's up in the air.**
  잇츠 업 인 디 에어

별거와 이혼에
대해서

🍦 별거 중입니다.
**I'm separated.**
아임 쎄퍼레이티드

🍦 우리 부모님은 별거 중이야.
**My parents are separated.**
마이 페어런츠 아 쎄퍼레이티드

🍦 우리 부모님은 이혼하셨어.
**My parents got divorced.**
마이 페어런츠 갓 디볼스드

🍦 이혼합시다.
**Let's go to Reno.**
렛츠 고 투 리노우

🍦 당신이 싫어진 건 아니지만,
**I'm not tired of you, but ~**
아임 낫 타이얼드 어뷰 벗

🍦 우리 관계는 어디서 잘못됐죠?
**Where did our relationship go wrong?**
웨어 디드 아우어 륄레이션쉽 고 롱

# 119
## 365

지시할 때

이번 주 금요일까지 확실히 끝내게나.
**Be sure to finish it by this Friday.**
비 슈어 투 휘니쉿 바이 디스 흐라이데이

네, 최선을 다하겠습니다.
**Yes, sir. I'll do my best.**
예스 썰 아월 두 마이 베슷트

그 사람 빨리 좀 데려오세요.
**Please bring him soon.**
플리즈 브링 힘 순

그 사람 지시를 따르세요.
**Follow his instructions.**
팔로우 히즈 인스트럭션즈

그건 이렇게 하세요.
**Do it this way.**
두 잇 디스 웨이

## 임신과 출산에 대해서

🍦 그녀는 임신 중이야.

**She is expecting.**

쉬 이즈 익스펙팅

🍦 그녀가 벌써 임신했어?

**Is she expecting already?**

이즈 쉬 익스펙팅 얼뤠디

🍦 당신은 임신을 하셨군요.

**You are in the family way.**

유 아 인 더 훼밀리 웨이

🍦 제 아이를 임신했어요.

**She's pregnant with my child.**

쉬즈 프레그넌트 위드 마이 촤일드

🍦 그녀는 임신 6개월입니다.

**She is six months pregnant.**

쉬 이즈 씩스 먼츠 프레그넌트

🍦 출산 예정일이 언제입니까?

**When is the blessed event?**

웬 이즈 더 블레스드 이벤트

**명령할 때**

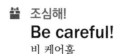

🎁 조심해!
**Be careful!**
비 케어훌

🎁 조용히 해!
**Be quiet!**
비 콰이엇트

🎁 자 조용히!
**Calm down!**
컴 다운

🎁 이것 좀 와서 봐 봐!
**Come and look!**
컴 앤 룩

🎁 언제 놀러 와.
**Come and see me sometime.**
컴 앤 씨 미 썸타임

🎁 이리 와.
**Come here.**
컴 히어

결혼식에 대해서

🍦 그들은 결혼식 날짜를 정했니?
## Have they set a date for the wedding?
햅 데이 쎄더 데잇 휘 더 웨딩

🍦 박 씨의 결혼 날짜가 언제지요?
## What's the date of Mr. Park's wedding?
왓츠 더 데잇 어브 미스터 박스 웨딩

🍦 그들은 수백 장의 청첩장을 보냈어.
**They sent out hundreds of invitations to the wedding.**
데이 쎈 아웃 헌드레즈 어브 인비테이션스 투 더 웨딩

🍦 우리는 결혼식에 모든 친척들을 초대했어.
## We invited all our relatives to the wedding.
위 인바이티드 얼 아우어 렐러티브스 투 더 웨딩

🍦 행복한 결혼생활을 하시길 바랍니다.
## I hope you'll have a very happy marriage.
아이 홉 유윌 해버 베리 해피 매리쥐

🍦 행복하길 바랍니다.
## We hope you have a happy life.
위 호퓨 해버 해피 라입흐

# 121
## 365

금지 명령을
할 때

- 바보같이 굴지 마!
  ## Don't be a fool!
  돈 비 어 훌

- 버릇없이 굴지 마!
  ## Don't be crazy!
  돈 비 크뤠이지

- 화내지 마.
  ## Don't be angry.
  돈 비 앵그리

- 울지 마.
  ## Don't cry.
  돈 크라이

- 바보 같은 소리 마!
  ## Don't be silly!
  돈 비 씰리

- 간섭하지 마!
  ## Mind your own business!
  마인듀어 원 비즈니스

### 결혼에 대해서

🍦 결혼하셨습니까?

**Are you married?**

아 유 메뤼드

🍦 언제 결혼할 예정입니까?

**When are you going to get married?**

웬 아 유 고잉 투 겟 메뤼드

🍦 언제 결혼을 하셨습니까?

**When did you get married?**

웬 디쥬 겟 메뤼드

🍦 결혼한 지 얼마나 됐습니까?

**How long have you been married?**

하우 롱 해뷰 빈 메뤼드

🍦 신혼부부이시군요.

**You're a brand new couple.**

유어 러 브랜드 뉴 커플

🍦 우리는 중매결혼했습니다.

**It was an arranged marriage.**

잇 워즈 언 어레인쥐드 매뤼지

경고할 때

- 꼼짝 마!
  ## Freeze!
  흐리즈

- 엎드려!
  ## Duck!
  덕ㅋ

- 손들어!
  ## Hands up!
  핸즈 업

- 멈춰!
  ## Halt!
  홀ㅌ

- 움직이지 마!
  ## Don't move!
  돈 무ㅂ

- 앞으로 가!
  ## Move on!
  무ㅂ온

### 약혼에 대해서

🍦 우리는 이번 달에 약혼했습니다.
**We became engaged this month.**
위 비케임 인게이쥐드 디스 먼쓰

🍦 그녀는 래리와 약혼한 사이예요.
**She's engaged to marry Larry.**
쉬즈 인게이쥐드 투 메뤼 래리

🍦 나는 그 남자와 약혼을 했어요.
**I am engaged to him.**
아이 앰 인게이쥐드 투 힘

🍦 저 여자 임자가 있니?
**Is she spoken for?**
이즈 쉬 스포큰 훠

🍦 그래, 그녀는 이미 약혼을 했어.
**Yes, she is already engaged.**
예스 쉬 이즈 얼뤠디 인게이쥐드

🍦 그는 내가 약혼한 줄 알아요.
**He thinks I'm engaged.**
히 씽즈 아임 인게이쥐드

재촉할 때

- 서두르세요!
  **Hurry up!**
  허뤼 업

- 서둘러 주시겠습니까?
  **Could you hurry up, please?**
  쿠쥬 허뤼 업 플리즈

- 서두르자.
  **Let's hurry.**
  렛츠 허뤼

- 저 몹시 급해요.
  **I'm in a hurry.**
  아임 인 어 허뤼

- 서둘러, 시간이 넉넉하지 않아.
  **Hurry up, we haven't got all day.**
  허뤼 업 위 해븐 갓 올 데이

🍦 빌이 나에게 청혼했습니다.
**Bill proposed to me.**
빌 프러포즈 투 미

🍦 저와 결혼해 주시겠습니까?
**Would you marry me?**
우쥬 메뤼 미

🍦 우리 결혼할까요?
**Why don't we get married?**
와이 돈 위 겟 메뤼드

🍦 당신과 결혼하고 싶습니다.
**I want to marry you.**
아이 원 투 메뤼 유

🍦 내 아내가 되어 줄래요?
**Would you be my wife?**
우쥬 비 마이 와잎

# 124
---
# 365

여유를 가지라고
할 때

- 천천히 하세요.
  **You can't keep up with this pace.**
  유 캔트 킵 업 윗 디스 페이스

- 서두를 필요 없어요.
  **There is no hurry.**
  데어 이즈 노 허뤼

- 나중에 해도 돼요.
  **It can wait.**
  잇 캔 웨잇트

- 뭐가 그리 급하세요?
  **Where's the fire?**
  웨얼즈 더 화이어

- 너무 재촉하지 마세요!
  **Don't be so pushy!**
  돈 비 쏘 퍼시

- 그렇게 조급하게 굴지 마세요.
  **Don't be so impatient.**
  돈 비 쏘 임페이션트

애인과
헤어질 때

🍦 이제 네가 싫증이 나.
**I'm bored with you now.**
아임 볼드 위듀 나우

🍦 네가 미워!
**I hate you!**
아이 헤잇 츄

🍦 깨끗하게 헤어지자.
**Let's make a clean break.**
렛츠 메이커 클린 브레이크

🍦 너와 끝이야.
**I'm through with you.**
아임 쓰루 위듀

🍦 이것으로 끝이야.
**It's over.**
잇츠 오버

🍦 우리 헤어져야겠어.
**We should break up.**
위 슈드 브레이컵

추측과 판단이
맞았을 때

📅 그 말에 일리가 있군요!
**That makes sense!**
댓 메익 쎈스

📅 그럴 줄 알았어!
**That figures!**
댓 휘규어쓰

📅 아무도 모르죠? / 누가 알겠어요?
**Who knows?**
후 노우즈

📅 당신 추측이 딱 맞았어요.
**Your guess was right on the nose.**
유어 게스 워즈 롸잇 온 더 노우즈

📅 제가 옳았다는 것이 판명되었어요.
**It turned out that I was right.**
잇 턴드 아웃 댓 아이 워즈 롸잇

**241**
___
**365**

사랑을
고백할 때

🍦 당신에게 아주 반했습니다.
**I'm crazy about you.**
아임 크뤠이지 어바웃 유

🍦 당신과 사귀고 싶습니다.
**I'd like to go out with you.**
아이드 라익투 고 아웃 위듀

🍦 당신의 애인이 되고 싶습니다.
**I'd like to be your boyfriend[girlfriend].**
아이드 라익 투 비 유어 보이후렌드[걸후렌드]

🍦 당신의 모든 걸 사랑합니다.
**I love everything about you.**
아이 럽 에브리씽 어바웃 유

🍦 당신을 누구보다 사랑합니다.
**I love you more than anyone.**
아이 러뷰 모어 댄 애니원

🍦 당신과 함께 있고 싶어요.
**I want to be with you.**
아이 원투 비 위듀

추측과 판단이
다르거나
어려울 때

당신이 오리라고는 전혀 생각을 못 했어요.
**I had no idea that you were coming.**
아이 해드 노 아이디어 댓 유 워 커밍

그건 전혀 예상 밖의 상황이었어요.
**That's a whole new ball game.**
댓츠 어 홀 뉴 볼 게임

아직 모르는 일이에요.
**The jury is still out.**
더 쥬어리 이즈 스틸 아웃

전혀 짐작이 안 가요.
**I haven't the faintest idea.**
아이 해븐 더 페인테슷 아이디어

그 사람이 당선될 가능성이 전혀 없어요.
**That guy doesn't have a chance of winning.**
댓 가이 더즌 햅 어 챈스 어브 위닝

그가 이길 거라고 전혀 예상 못 했어요.
**We hadn't bargained on the fact that he might win.**
위 해든 바건드 온 더 퓈트 댓 히 마잇 윈

애정을
표현할 때

🍦 당신은 나에게 무척 소중해요.
**You mean so much to me.**
유 민 쏘 머취 투 미

🍦 당신은 우아하고 아름다워요.
**You are delicate and beautiful like a rose.**
유 아 델리케잇트 앤 뷰티훌 라이커 로즈

🍦 당신은 정말 멋있어요.
**You are absolutely wonderful.**
유 아 앱썰루틀리 원더훌

🍦 당신이 최고예요!
**You are the best!**
유 아 더 베슷트

🍦 그녀가 정말 보고 싶어요.
**I miss her so much.**
아이 미쓰 허 쏘 머취

🍦 언제나 당신을 생각하고 있어요.
**I think about you all the time.**
아이 씽커바웃 유 올 더 타임

# 127
## 365

확신하는지
물을 때

🔋 확신하십니까?
**Are you sure?**
아 유 슈어

🔋 그거 확실한가요?
**Are you sure about that?**
아 유 슈어 어바웃 댓

🔋 무슨 근거로 그런 말을 하는 거지?
**What makes you say so?**
왓 메익스 유 쎄이 쏘

🔋 무슨 근거로 그렇게 확신하죠?
**What makes you so positive?**
왓 메익스 유 쏘 파지티브

🔋 왜 그렇게 확신하세요?
**What makes you confident?**
왓 메익스 유 컨피던트

데이트를 즐길 때

🍦 왜 이렇게 가슴이 두근거리지?

## Why is my heart beating so fast?
와이 이즈 마이 할트 비링 쏘 풰슷트

🍦 당신과 함께 있어서 기뻐요.

## I'm happy to be in your presence.
아임 해피 투 비 인 유어 프레즌스

🍦 다음에는 뭘 하죠?

## What shall we do next?
왓 쉘 위 두 넥슷트

🍦 집까지 바래다줄게요.

## I'll escort you home.
아윌 에스콧트 유 홈

🍦 집에 태워다 줄까요?

## Shall I drive you home?
쉘 아이 드라이브 유 홈

🍦 또 만나 주시겠어요?

## Will you see me again?
윌 유 씨 미 어겐

확신할 때

🎁 물론이죠.
## Certainly.
써튼리

🎁 물론이죠. / 당연하죠.
## You bet.
유 벳

🎁 당신이 옳다고 확신합니다.
## I bet you are right.
아이 벳 유 아 롸잇

🎁 내기를 해도 좋아요!
## I can even bet on that!
아이 캔 이븐 베돈 댓

🎁 확실합니다.
## Absolutely certain.
앱쏠루틀리 썰튼

🎁 그건 제가 보증합니다.
## I give you my word for it.
아이 깁 유 마이 월드 훠릿

데이트를
신청할 때

🍦 데이트를 청해도 될까요?

**Could I ask you for a date?**

쿠드 아이 애슥 큐 훠 러 데잇트

🍦 이번 금요일에 데이트할까요?

**Would you go out with me this Friday?**

우쥬 고 아웃 위드 미 디스 후라이데이

🍦 저와 데이트해 주시겠어요?

**Would you like to go out with me?**

우쥬 라익 투 고 아웃 위드 미

🍦 저와 함께 저녁식사를 하시겠어요?

**Would you like to have dinner with me?**

우쥬 라익 투 햅 디너 위드 미

🍦 파티에 함께 갈 파트너가 없어요.

**I don't have a date for the party.**

아이 돈 해버 데잇트 훠 더 파리

확신하지
못할 때

- 아직은 확실하지 않습니다.
**I'm not sure yet.**
아임 낫 슈어 옛

- 확실한 것은 모르겠습니다.
**Your guess is as good as mine.**
유어 게스 이즈 애즈 굿 애즈 마인

- 그 점에 대해선 확실하지 않습니다.
**I'm not positive about that point.**
아임 낫 파지티브 어바웃 댓 포인트

- 장담할 수는 없습니다.
**I can't say for sure.**
아이 캔트 쎄이 휘 슈어

- 노력하겠지만, 장담은 못 하겠습니다.
**I'll try, but I can't promise.**
아윌 트라이 벗 아이 캔트 프라미스

이성과의 교제에
대해서

🍦 사귀는 사람 있나요?
## Are you seeing somebody?
아 유 씽 썸바디

🍦 여자 친구 있으세요?
## Do you have a girlfriend?
두 유 해버 걸후렌드

🍦 누구 생각해 둔 사람이 있나요?
## Do you have anyone in mind?
두 유 햅 애니원 인 마인드

🍦 어떤 타입의 여자가 좋습니까?
## What kind of girl do you like?
왓 카인더브 걸 두 유 라익

🍦 성실한 사람이 좋습니다.
## I like someone who is sincere.
아이 라익 썸원 후 이즈 씬씨어

🍦 그는 제 타입이 아닙니다.
## He isn't my type.
히 이즌 마이 타잎

양해를 구할 때

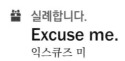

- 실례합니다.
  **Excuse me.**
  익스큐즈 미

- 잠깐 실례하겠습니다.
  **Excuse me for a moment.**
  익스큐즈 미 풔 러 모먼트

- 잠깐 실례해도 되겠습니까?
  **Would you excuse me for a moment?**
  우쥬 익스큐즈 미 풔 러 모먼트

- 여기서 담배를 피워도 됩니까?
  **Would you mind if I smoke here?**
  우쥬 마인드 이프 아이 스몪 히어

- 말씀 도중에 죄송합니다만,
  **Forgive me for interrupting you, but ~**
  포깁 미 풔 인터럽팅 유 벗

친구에 대해서

🍦 화이트 씨, 박 씨를 소개하고 싶군요.
## Mr. White, I'd like to introduce Mr. Park.
미스터 화잇 아이드 라익 투 인트로듀스 미스터 박

🍦 그린 씨, 강 씨를 소개하겠습니다.
## Mr. Green, allow me to introduce Mr. Kang.
미스터 그린 얼라우 미 투 인트로듀스 미스터 강

🍦 김 여사를 당신에게 소개해도 되겠습니까?
## May I introduce Mrs. Kim to you?
메이 아이 인트로듀스 미씨즈 김 투 유

🍦 우리는 오래전부터 친구랍니다.
## We go back a long way.
위 고 백 어 롱 웨이

🍦 우리는 죽마고우입니다.
## We're old friends.
위어 올드 후렌즈

허가를 구할 때

- 하나 가져가도 돼요?
  ## Can I take one?
  캔 아이 테익 원

- 들어가도 돼요?
  ## May I come in?
  메이 아이 컴 인

- 질문 하나 해도 되겠습니까?
  ## May I ask you a question?
  메이 아이 애스큐 어 퀘스쳔

- 잠시 실례해도 되겠습니까?
  ## May I be excused for a moment?
  메이 아이 비 익스큐즈드 휘 러 모먼트

- 이 책 빌려가도 돼요?
  ## May I borrow this book?
  메이 아이 바로우 디스 북

- 이제 집에 가도 돼요?
  ## May I go home now?
  메이 아이 고 홈 나우

주택에 대해서

🍦 아파트에 사세요, 단독에 사세요?
**Do you live in an apartment or in a house?**
두 유 리빈 언 아팟트먼트 오어 이너 하우스

🍦 조그마한 아파트에 살아요.
**I live in a small apartment.**
아이 리브 인 어 스몰 아팟트먼트

🍦 그게 당신 소유의 집입니까? 세 낸 건가요?
**Do you own it, or rent it?**
두 유 원 잇 오어 렌트 잇

🍦 저는 하숙하고 있어요.
**I live in a boarding house.**
아이 리빈 어 보딩 하우스

🍦 새 아파트는 나에게 딱 맞아.
**My new apartment suits me to a "T."**
마이 뉴 아팟트먼트 숱츠 미 투 어 티

🍦 새 아파트 구했어요?
**Have you found a new apartment?**
해뷰 화운더 뉴 아팟트먼트

# 132
## 365

허가할 때

👥 예, 그렇게 해도 됩니다.
**Yes, you may.**
예스 유 메이

👥 좋아요.
**Okay.**
오케이

👥 물론이지요.
**Sure.**
슈어

👥 어서 하세요.
**Go ahead.**
고 어헤드

👥 문제없습니다.
**No problem.**
노 프라블럼

👥 왜 안 되겠어요?
**Why not?**
와이 낫

# 234
---
# 365

## 출생에 관하여

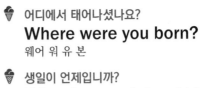

🍦 어디에서 태어나셨나요?

**Where were you born?**

웨어 워 유 본

🍦 생일이 언제입니까?

**What is your date of birth, please?**

왓 이즈 유어 데잇 어브 벌쓰 플리즈

🍦 거기서 얼마나 살았습니까?

**How long have you lived there?**

하우 롱 해뷰 립 데어

🍦 이 양은 언제 출생했죠?

**When were you born, Miss Lee?**

웬 워 유 본 미쓰 리

🍦 이 양은 어디서 자랐죠?

**Where did you grow up, Miss Lee?**

웨어 디쥬 그로 업 미쓰 리

## 133/365

허가하지 않을 때

---

- 🗓 아니오, 안 됩니다.
  ## No, you may not.
  노 유 메이 낫

- 🗓 죄송합니다만, 안 됩니다.
  ## I'm sorry, you can't.
  아임 쏘리 유 캔트

- 🗓 여기에 주차할 수 없습니다.
  ## You can't park here.
  유 캔트 팍 히어

- 🗓 이 물을 마셔서는 안 됩니다.
  ## You cannot drink this water.
  유 캐낫 드링크 디스 워터

- 🗓 밤에 밖에 나가면 안 돼.
  ## You must not go out at night.
  유 머슷 낫 고 아웃 앳 나잇

- 🗓 여기서 담배 피워서는 안 됩니다.
  ## You should not smoke here.
  유 슈드 낫 스몰 히어

# 233
## 365

주소에 대해서

🍦 본적지가 어디세요?
### What's your permanent address?
왓츠 유어 퍼머넌트 어드뤠스

🍦 주소가 어떻게 됩니까?
### What's your address?
왓츠 유어 어드뤠스

🍦 주소를 알 수 있을까요?
### Could I have your address?
쿠드 아이 해뷰어 어드뤠스

🍦 여기 제 명함이 있습니다. 주소가 적혀 있지요.
### Here's my card. It has my address.
히얼즈 마이 카드 잇 해즈 마이 어드뤠스

🍦 본적을 말씀해 주시겠어요?
### Will you tell me your permanent address?
윌 유 텔 미 유어 퍼머넌트 어드뤠스

🍦 현 주소와 우편번호를 말씀해 주실까요?
**May I have your present address and your zip code, please?**
메이 아이 해뷰어 프레즌트 어드뤠스 앤 유어 집 코드 플리즈

# 134
## 365

예정과 계획을
물을 때

---

🗓 주말에는 무엇을 할 예정입니까?

**What are you doing this weekend?**

와라유 두잉 디스 위켄드

🗓 언제 출발합니까?

**When are you leaving?**

웬아유 리빙

🗓 언제쯤이 좋을까요?

**When is convenient for you?**

웬 이즈 컨비년트 휘 유

🗓 공항으로 마중 나오시겠습니까?

**Are you going to meet me at the airport?**

아 유 고잉 투 밋 미 앳 디 에어폿트

🗓 한국에 얼마 동안 체류할 예정입니까?

**How long are you going to stay in Korea?**

하우 롱 아 유 고잉 투 스테이 인 코리아

🍦 어디에서 사세요?

**Where do you live?**

웨어 두 유 립

🍦 서울 교외에서 살고 있어요.

**I live in the suburbs of Seoul.**

아이 리빈 더 써법스 업 서울

🍦 여기서 먼 곳에 살고 계세요?

**Do you live far from here?**

두 유 립 화 흐롬 히어

🍦 어디에 살고 계세요?

**Where are you living now?**

웨어 아 유 리빙 나우

🍦 그곳까지 얼마나 걸립니까?

**How long does it take to get there?**

하우 롱 더즈 잇 테익 투 겟 데어

예정과 계획을
말할 때

☺ 다음 주 토요일에 파티를 열 예정입니다.
## We're having a party next Saturday.
위아 해빙 어 파리 넥슷트 쌔러데이

☺ 저의 예정이 꽉 차 있어요.
## My schedule's pretty tight.
마이 스케쥴스 프리디 타잇

☺ 5월 하순경에 프랑스를 방문할 예정입니다.
## I'm going to visit France around the end of May.
아임 고잉 투 비짓 프랜스 어라운드 디 엔드 어브 메이

☺ 내일 찾아뵙겠습니다.
## I'm coming to see you tomorrow.
아임 커밍 투 씨 유 투마로우

☺ 낭비한 시간을 보충할 생각입니다.
## I'm thinking of making up for all the time I've wasted.
아임 씽킹 어브 메이킹 업 훠 올 더 타임 아이브 웨이슷터드

☺ 생일에 친구들을 초대할 생각입니다.
## I'm planning to invite my friends on my birthday.
아임 플래닝 투 인바잇 마이 프렌즈 온 마이 벌쓰데이

자녀에 대해서

🍦 아이들은 몇 명이나 됩니까?

**How many children do you have?**

하우 매니 췰드런 두 유 햅

🍦 아이는 언제 가질 예정입니까?

**When are you going to have children?**

웬 아 유 고잉 투 햅 췰드런

🍦 아이들이 있습니까?

**Do you have any children?**

두 유 햅 애니 췰드런

🍦 다음 달에 첫돌이 되는 아들이 하나 있습니다.

**I have a son who will turn one year old next month.**

아이 햅 어 썬 후 윌 턴 원 이어 올드 넥숫트 먼쓰

🍦 자녀가 있습니까?

**Have you got any kids?**

해뷰 갓 애니 키즈

🍦 그 애들 이름이 뭐죠?

**What are their names?**

왓 아 데어 네임즈

가능 여부를
물을 때대

무얼 할 수 있습니까?
## What can you do?
왓 캔 유 두

수영할 줄 아세요?
## Can you swim?
캔 유 스윔

영어로 전화할 수 있어요?
## Can you make a phone call in English?
캔 유 메이커 폰 콜 인 잉글리쉬

피아노 칠 수 있어요?
## Can you play the piano?
캔 유 플레이 더 피애노

제시간에 끝낼 수 있겠어요?
## Can you make it on time?
캔 유 메이킷 온 타임

친척에 대해서

🍦 미국에 친척 분은 계십니까?
**Do you have any relatives living in America?**
두 유 햅 애니 랠러티브스 리빙 인 어메리카

🍦 나는 미국에 친척이 하나도 없습니다.
**I have no relatives in America.**
아이 햅 노 랠러티브스 인 어메리카

🍦 두 분은 친척 되십니까?
**Are you two related?**
아 유 투 릴레이티드

🍦 우리는 친척관계가 아닙니다.
**We're not related.**
유어 낫 릴레이티드

🍦 추석에 몇 명의 친척들이 오셨습니다.
**Some relatives came to visit on Chuseok.**
썸 랠러티브스 케임 투 비짓 온 추석

🍦 지난 일요일 우리 일가친척들의 모임이 있었습니다.
**We had a family reunion last Sunday.**
위 해더 훼밀리 리유니언 라슷 썬데이

# 137
# 365

가능하다고
대답할 때

- 난 운전할 수 있어.
**I can drive.**
아이 캔 드라이브

- 금요일까지 끝낼 수 있어요.
**I can finish it by Friday.**
아이 캔 휘니쉬잇 바이 흐라이데이

- 난 중국어를 읽을 수 있어요.
**I can read Chinese.**
아이 캔 뤼드 차이니즈

- 그는 글씨를 읽을 줄 알아.
**He is able to read letters.**
히 이즈 에이블 투 뤼드 레러스

- 그는 그 일에 적합하다.
**He is equal to the job.**
히 이즈 이퀄 투 더 잡

- 영어를 할 수 있을 거야.
**You will be able to speak English.**
유 월 비 에이블 투 스픽 잉글리쉬

형제자매에
대하여 표현할 때

🍦 형제가 몇 분이세요?
**How many brothers and sisters do you have?**
하우 매니 브라더스 앤 씨스터스 두 유 햅

🍦 형이 두 명, 여동생이 한 명입니다.
**I have two brothers and one sister.**
아이 햅 투 브라더스 앤 원 씨스터

🍦 형제나 자매가 있습니까?
**Do you have any brothers and sisters?**
두 유 햅 애니 브라더스 앤 씨스터스

🍦 아뇨, 없습니다. 독자입니다.
**No, I don't. I'm an only child.**
노 아이 돈 아임 언 온리 촤일드

🍦 동생은 몇 살입니까?
**How old is your brother?**
하우 올드 이즈 유어 브라더

🍦 우리 형제는 한 살 차이밖에 안 나.
**My brother and I are only a year apart.**
마이 브라더 앤 아이 아 온리 어 이어 어팟트

불가능을 말할 때

📅 난 자전거 타지 못해요.
### I can't ride a bike.
아이 캔트 롸이더 바익ㅋ

📅 그 질문에 답해 드릴 수가 없군요.
### I can't answer the question.
아이 캔트 앤써 더 퀘스쳔

📅 당신과 사랑에 빠지지 않을 수 없군요.
### I can't help falling in love with you.
아이 캔트 헬프 휠링 인 러브 위듀

📅 난 한 가지라도 제대로 하는 것이 없다니까!
### I can't do anything right!
아이 캔트 두 애니씽 롸잇

📅 저와 함께 가실 수 없겠습니까?
### Can't you go with me?
캔츄 고 위드 미

📅 모르겠어요?
### Can't you see?
캔츄 씨

가족에 관하여
표현할 때

🍦 가족은 몇 분이나 됩니까?
**How many people are there in your family?**
하우 매니 피플 아 데어 인 유어 훼밀리

🍦 우리 가족은 네 명이에요.
**We are a family of four.**
위 아 러 훼밀리 어브 훠

🍦 우리 가족은 어머니, 아버지, 여동생 그리고 저까지 네 명이에요.
**We have four people in our family, my mother, father, sister and myself.**
위 햅 훠 피플 인 아우어 훼밀리 마이 마더 화더 씨스터 앤 마이쎌ㅎ

🍦 우리 가족은 자녀가 세 명 있는데 저와 두 남동생이 있어요.
**In my family there are three children, myself and two younger brothers.**
인 마이 훼밀리 데어라 쓰리 췰드런 마이쎌ㅎ 앤 투 영거 브라더스

🍦 식구는 많습니까?
**Do you have a large family?**
두 유 해버 라쥐 훼밀리

즐거울 때

🥤 정말 재미있군!
## What fun!
왓 훤

🥤 즐거워요.
## I'm having fun.
아임 해빙 훤

🥤 정말 즐거워요!
## What a lark!
왓 어 락ㅋ

🥤 좋아서 미치겠어요.
## I'm tickled pink.
아임 티클드 핑크

🥤 정말 기분이 좋군!
## Oh! How glad I am!
오 하우 글래드 아이 앰

종교에 관하여
대화를 나눌 때

🍦 무슨 종교를 믿습니까?
**What religion do you believe in?**
왓 릴리젼 두 유 빌리브 인

🍦 종교를 가지고 있습니까?
**Do you have a religion?**
두 유 해버 릴리젼

🍦 종교가 없습니다.
**No, I'm not a religious person.**
노 아임 나더 릴리줘스 퍼슨

🍦 저는 기독교 신자입니다.
**I'm a Christian.**
아임 어 크리스쳔

🍦 저는 천주교를 믿습니다.
**I believe in Catholicism.**
아이 빌리브 인 커쌀러시즘

🍦 저는 불교 신자입니다.
**I'm a Buddhist.**
아임 어 부디슷트

기쁠 때

🥤 무척 기뻐요!

**I'm very happy!**

아임 베뤼 해피

🥤 몹시 기뻐.

**I'm overjoyed.**

아임 오버조이드

🥤 기뻐서 펄쩍 뛸 것 같아.

**I'm about ready to jump out of my skin.**

아임 어바웃 뤠디 투 점프 아웃 어브 마이 스킨

🥤 기뻐서 날아갈 것 같았어요.

**I jumped for joy.**

아이 점프트 훠 죠이

🥤 제 생애에 이보다 더 기쁜 적이 없었어요.

**I've never been happier in my life.**

아이브 네버 빈 해피어 인 마이 라입

🥤 날아갈 듯해.

**I'm flying.**

아임 흘라잉

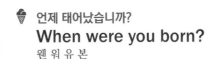

226
—
365

생일에 대해
물을 때

🍦 언제 태어났습니까?
**When were you born?**
웬 위 유 본

🍦 생일이 언제입니까?
**What date is your birthday?**
왓 데이티즈 유어 벌쓰데이

🍦 당신의 별자리가 뭐죠?
**What sign are you?**
왓 싸인 아 유

🍦 며칠에 태어났어요?
**What date were you born?**
왓 데잇 워 유 본

🍦 몇 년도에 태어나셨어요?
**What year were you born?**
왓 이어 워 유 본

🍦 생일이 언제죠?
**What's your birthday?**
왓츠 유어 벌쓰데이

# 141
## 365

기쁜 소식을
들었을 때

---

🥤 그 소식을 들으니 정말 기쁩니다.
**I'm glad to hear that.**
아임 글래드 투 히어 댓

🥤 대단한 소식이야!
**What wonderful news!**
왓 원더홀 뉴스

🥤 듣던 중 반가운데요.
**That's nice to hear.**
댓츠 나이스 투 히어

🥤 그거 반가운 소식이군요.
**That's good news.**
댓츠 굿 뉴스

🥤 좋은 소식이군요. 당신을 만나기를 고대하고 있겠습니다.
**Good news. I'll be looking forward to meeting you.**
굿 뉴스 아월 비 룩킹 훠워드 투 미링 유

나이에 대해

물을 때

🍦 몇 살이세요?
**How old are you?**
하우 올드 아 유

🍦 당신의 나이를 알려 주시겠습니까?
**Could you tell me your age?**
쿠드 유 텔 미 유어 에이쥐

🍦 나이가 어떻게 되십니까?
**What's your age?**
왓츠 유어 에이쥐

🍦 나이를 여쭤 봐도 될까요?
**May I ask how old you are?**
메이 아이 애스크 하우 올드 유 아

🍦 그가 몇 살인지 물어봐도 될까요?
**May I ask how old he is?**
메이 아이 애스크 하우 올드 히 이즈

🍦 그들은 몇 살이죠?
**How old are they?**
하우 올드 아 데이

기쁠 때 외치는
소리

🥤 만세!
## Hurrah!
허레이

🥤 브라보!
## Bravo!
브라보

🥤 만세!
## Hip, hip, hurray!
힙 힙 허레이

🥤 야, 만세!
## Yippee!
이삐

🥤 야호!
## Yahoo!
야후

🥤 이야!
## Oh, boy!
오 보이

출신지에 대해
물을 때

🍦 고향은 어디세요?

**Where are you from?**

웨어 아 유 흐롬

🍦 실례지만, 고향이 어디십니까?

**May I ask where you are from?**

메이 아이 애스크 웨어 유 아 흐롬

🍦 서울입니다.

**I'm from Seoul.**

아임 흐롬 서울

🍦 어디에서 자라셨습니까?

**Where did you grow up?**

웨어 디쥬 그로 업

🍦 서울에서 자랐어요.

**I grew up in Seoul.**

아이 그루 업 인 서울

재미있을 때

🥤 아주 재미있어요!
**How exciting!**
하우 익싸이팅

🥤 무슨 재미있는 일이라도 있니?
**What's happening?**
왓츠 해프닝

🥤 재미있겠군요.
**That sounds interesting.**
댓 사운즈 인터뤠스팅

🥤 너무 재미있어서 웃음이 멈추지 않네요.
**It's so funny that I couldn't stop
laughing.**
잇츠 쏘 풔니 댓 아이 쿠든 스탑 래핑

🥤 골라먹는 재미가 있습니다.
**It's fun picking out my favorite.**
잇츠 풘 피킹 아웃 마이 풰이버릿

전화를 끊을 때

✉️ 이만 전화를 끊어야겠어요.
# I have to get off the line now.
아이 햅투 게럽ㅎ 더 라인 나우

✉️ 다른 전화가 왔어요.
# I have a call on the other line.
아이 해버 콜 온 디 아더 라인

✉️ 전화 주셔서 고맙습니다.
# Thank you for calling.
쌩큐 훠 콜링

✉️ 너무 많은 시간을 빼앗아서 죄송합니다.
# I'm sorry I've taken up so much of your time.
아임 쏘리 아이브 테이큰 업 쏘 머취 어뷰어 타임

✉️ 미안해요. 긴 이야기는 못 하겠어요.
# I'm sorry. I can't talk long.
아임 쏘리 아이 캔트 톡 롱

✉️ 빨리 얘기해.
# Make it snappy.
메이킷 스내피

행운을 얻었을 때

🥤 잘됐다!
**Lucky!**
럭키

🥤 오늘은 재수가 좋아!
**I lucked out today!**
아이 럭트 아웃 투데이

🥤 운이 좋았어!
**It's your lucky day!**
잇츠 유어 럭키 데이

🥤 하나님 고맙습니다!
**Thank heavens!**
쌩크 해븐스

🥤 대성공이야!
**I hit the jackpot!**
아이 힛 더 잭팟

🥤 단지 운이 좋았을 뿐이야.
**I was just lucky.**
아이 워즈 저슷 럭키

통화에 문제가
있을 때

✉ 잘 안 들립니다.
## I can't hear you very well.
아이 캔트 히어 유 베리 웰

✉ 거의 들리지 않습니다.
## I can barely hear you.
아이 캔 베얼리 히어 유

✉ 회선 상태가 안 좋은 것 같습니다.
## We have a bad connection.
위 해버 배드 커넥션

✉ 큰 소리로 말씀해 주시겠습니까?
## Could you speak up, please.
쿠쥬 스픽 업 플리즈

✉ 혼선입니다.
## The lines are crossed.
더 라인즈 아 크로쓰드

✉ 잘못된 번호로 연결되었습니다.
## You gave me the wrong number.
유 게입 미 더 롱 넘버

행복할 때

🥤 너무 행복해요.

**I'm very happy.**

아임 베리 해피

🥤 행복하세요!

**Be happy!**

비 해피

🥤 꿈이 이루어졌어!

**It's a dream come true!**

잇츠 어 드림 컴 트루

🥤 우리는 모두 행복해.

**We are all happy.**

위 아 올 해피

🥤 그는 행복에 넘쳐 있습니다.

**His cup runs over.**

히즈 컵 런즈 오버

🥤 돈으로 행복을 살 수는 없어.

**Money cannot buy happiness.**

머니 캐낫 바이 해피니스

국제전화를
이용할 때

✉ 이 전화로 한국에 걸 수 있습니까?
**Can I call Korea with this telephone?**
캔 아이 콜 코리아 위드 디스 텔러폰

✉ 한국에 전화하고 싶은데요.
**I'd like to call Korea.**
아이드 라익투 콜 코리아

✉ 수신자 요금 부담으로 부탁합니다.
**By collect call, please.**
바이 콜렉트 콜 플리즈

✉ 수신자 요금 부담으로 하고 싶습니다.
**I'd like to place a collect call.**
아이드 라익투 플레이스 어 콜렉트 콜

✉ 직접 (국제)전화를 걸 수 있습니까?
**Can I dial directly?**
캔 아이 다이얼 디렉틀리

✉ 신용카드로 전화를 걸고 싶습니다.
**I'd like to make a credit card call.**
아이드 라익투 메이커 크레딧 카드 콜

안심할 때

🥤 휴!
**Whew!**
휴

🥤 아!
**Aah!**
아

🥤 정말 안심했어요!
**What a relief!**
왓 어 륄립ㅎ

🥤 그 말을 들으니 안심이네요.
**It's a relief to hear that.**
잇츠 어 륄립 투 히어 댓

🥤 그 말을 들으니 안심이 됩니다.
**I'm relieved to hear it.**
아임 릴리브드 투 히어 잇

잘못 걸려 온
전화를 받았을 때

✉ 전화를 잘못 거셨습니다.
**You have the wrong number.**
유 햅 더 롱 넘버

✉ 몇 번을 돌리셨나요?
**What number did you dial?**
왓 넘버 디쥬 다이얼

✉ 전화번호를 다시 확인해 보세요.
**You'd better check the number again.**
유드 베러 쳌 더 넘버 어겐

✉ 미안합니다만, 여긴 잭이라는 사람이 없는데요.
**I'm sorry, we don't have a Jack here.**
아임 쏘리 위 돈 해버 잭 히어

✉ 아닌데요.
**No, it isn't.**
노 잇 이즌트

✉ 여보세요. 누구를 찾으세요?
**Hello. Who are you calling?**
헬로우 후 아 유 콜링

자신이
화가 날 때

🥤 빌어먹을!
**(Oh, my) Gosh!**
(오 마이) 가쉬

🥤 꼴좋다!
**Serves you right!**
써브쥬 롸잇

🥤 너무 화가 나는군요.
**I'm so angry with you.**
아임 쏘 앵그리 위듀

🥤 저런, 심하군요!
**What a shame!**
와러 쉐임

🥤 바보 같은!
**Silly!**
씰리

# 219

## 365

메시지를
부탁할 때

✉️ 그녀에게 메시지를 남기고 싶은데요.

**I'd like to leave her a message, please.**

아이드 라익 투 립 허러 메세쥐 플리즈

✉️ 제게 전화해 달라고 그에게 전해 주시겠습니까?

**Could you ask him to call me back, please?**

쿠쥬 애슷 킴 투 콜 미 백 플리즈

✉️ 돌아오면 저한테 전화해 달라고 전해 주시겠습니까?

**Please tell him to call me back.**

플리즈 텔 힘 투 콜 미 백

✉️ 제가 전화했었다고 그에게 좀 전해 주시겠습니까?

**Will you tell him I called, please?**

윌 유 텔 힘 아이 콜드 플리즈

✉️ 그에게 제가 다시 전화하겠다고 좀 전해 주십시오.

**Please tell him I'll call back.**

플리즈 텔 힘 아월 콜 백

✉️ 그냥 제가 전화했다고 그에게 말하세요.

**Just tell him that I called.**

저슷 텔 힘 댓 아이 콜드

**상대방이 화가
났을 때**

🥤 화났어요?
## Are you angry?
아 유 앵그리

🥤 아직도 화나 있어요?
## Are you still angry?
아 유 스틸 앵그리

🥤 그래서 나한테 화가 났어요?
## Are you angry with me on that score?
아 유 앵그리 위드 미 온 댓 스코어

🥤 뭐 때문에 그렇게 씩씩거리니?
## What's got you all in a huff?
왓츠 갓 유 올 인 어 헙

🥤 왜 그런지 모르겠어요.
## I don't know why.
아이 돈 노우 와이

🥤 그는 몹시 화가 나 있어요.
## He's on the warpath.
히즈 온 더 월패쓰

메시지를 받을 때

✉ 그에게 메시지를 전해 드릴까요?
## May I take a message for him?
메이 아이 테이커 메세쥐 휘 힘

✉ 메시지를 남기시겠습니까?(전할 말씀 있으세요?)
## Would you like to leave a message?
우쥬 라익 투 리버 메세쥐

✉ 그에게 전화드리라고 할까요?
## Would you like him to call(= phone) you back?
우쥬 라익 힘 투 콜(= 폰) 유 백

✉ 그에게 메시지를 남겨도 될까요?
## Can I leave him a message, please?
캔 아이 립 힘 어 메세쥐 플리즈

✉ 메시지를 받아 둘까요?
## Can I take a message?
캔 아이 테이커 메세쥐

✉ 댁의 전화번호를 가르쳐 주십시오.
## May I have your number, please?
메이 아이 해뷰어 넘버 플리즈

화를 달랠 때

🥤 진정하세요!
## Calm down!
컴 다운

🥤 화내지 마세요.
## Please don't get angry.
플리즈 돈 겟 앵그리

🥤 흥분을 가라앉혀.
## Simmer down.
씨머 다운

🥤 이성을 잃으면 안 돼.
## Don't lose your temper.
돈 루즈 유어 템퍼

🥤 나한테 화내지 마라.
## Don't take it out on me.
돈 테이킷 아웃 온 미

🥤 이런 일에 빡빡하게 굴지 마.
## Don't get so uptight about this.
돈 겟 쏘 업타잇 어바웃 디스

전화를 받을 수
없을 때

📩 지금 자리에 안 계세요.
## He's not in right now.
히즈 나린 롸잇 나우

📩 그는 지금 통화하기 힘들어요.
## He's not available now.
히즈 낫 어베일러블 나우

📩 통화 중입니다.
## The line is busy.
더 라인 이즈 비지

📩 미안합니다. 그는 아직도 통화 중입니다.
## Sorry, he's still on the line.
쏘리 히즈 스틸 온 더 라인

📩 나중에 그에게 다시 전화해 주시겠어요?
## Could you call him again later?
쿠쥬 콜 힘 어겐 레이러

📩 누군가 다른 사람에게 돌려 드릴까요?
## Shall I put you through to someone else?
셸 아이 풋 유 쓰루 투 썸원 엘스

# 150
## 365

슬플 때

- 아, 슬퍼요!
  **Alas!**
  얼래스

- 슬퍼요.
  **I'm sad.**
  아임 쌔드

- 너무 슬퍼요.
  **I'm so sad.**
  아임 쏘 쌔드

- 어머, 가엾어라!
  **What a pity!**
  와러 피리

- 어머, 가엾어라!
  **Oh, poor thing!**
  오 푸어 씽

전화를
바꿔 줄 때

✉ 잠깐만 기다려 주세요.
## One moment, please.
원 모먼트 플리즈

✉ 누구 바꿔 드릴까요?
## Who do you wish to speak to?
후 두 유 위쉬 투 스픽 투

✉ 테일러 씨, 해리 전화예요.
## Mr. Taylor, Harry is on the line.
미스터 테일러 해리 이즈 온 더 라인

✉ 그대로 기다려 주시겠어요?
## Can you hold the line, please?
캔 유 홀 더 라인 플리즈

✉ 이쪽에서 다시 전화할 때까지 끊고 기다려 주십시오.
## Please hang up and wait till we call you back.
플리즈 행 업 앤 웨잇 틸 위 콜 유 백

✉ 기다리게 해서 죄송합니다.
## I'm sorry to keep you waiting.
아임 쏘리 투 킵 유 웨이링

# 151
## 365

슬퍼서 울 때

🥤 슬퍼서 울고 싶은 심정이에요.
**I'm so sad I could cry.**
아임 쏘 쌔드 아이 쿠드 크라이

🥤 울고 싶어요.
**I feel like crying.**
아이 휠 라익 크라잉

🥤 눈물을 닦으세요.
**Wipe your eyes.**
와잎 유어 아이즈

🥤 우세요, 실컷 우세요.
**Cry, just cry to your heart's content.**
크라이 저슷 크라이 투 유어 할츠 컨텐트

🥤 영화를 보고 울어 본 적이 있으세요?
**Have you ever cried from watching a movie?**
해뷰 에버 크라이드 흐롬 와칭 어 무비

🥤 몹시 울었어요.
**I cried my eyes out.**
아이 크라이드 마이 아이즈 아웃

# 215
# 365

전화를 받을 때 ㄹ

✉ 성함을 알려 주시겠습니까?
**May I have your name, please?**
메이 아이 해뷰어 네임 플리즈

✉ 철자를 불러 주시겠습니까?
**Can you spell that, please?**
캔 유 스펠 댓 플리즈

✉ 누구에게 전화하셨습니까?
**Who are you calling?**
후 아 유 콜링

✉ 어떤 용건인지 여쭤 봐도 될까요?
**May I ask what this is regarding?**
메이 아이 애슷ㅋ 왓 디스 이즈 뤼가딩

✉ 죄송합니다. 좀 더 크게 말씀해 주시겠어요?
**I'm sorry. Could you speak up a little?**
아임 쏘리 쿠쥬 스피컵 어 리틀

✉ 조금만 더 천천히 말해 주세요.
**Please speak a little more slowly.**
플리즈 스피커 리틀 모어 슬로우리

우울할 때

🥤 저는 우울해요.
**I'm depressed.**
아임 디프레슷트

🥤 저는 희망이 없어요.
**I'm hopeless.**
아임 호플리스

🥤 아무것도 하고 싶은 생각이 없어요.
**I don't feel like doing anything.**
아이 돈 휠 라익 두잉 애니씽

🥤 저는 지금 절망적인 상태예요.
**I'm in a no-win situation now.**
아임 이너 노-윈 씨츄에이션 나우

🥤 저를 우울하게 만들지 마세요.
**Don't make me depressed.**
돈 메익 미 디프레슷트

# 214
## 365

전화를 받을 때 1

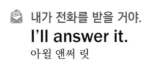

📧 내가 전화를 받을 거야.
**I'll answer it.**
아월 앤써 릿

📧 여보세요.
**Hello.**
헬로우

📧 예, 강입니다.
**Yes, Mr. Kang speaking.**
예스 미스터 강 스피킹

📧 전데요.
**That's me.**
댓츠 미

📧 네! 전화 주셔서 감사합니다.
**O.K! Thank you for calling.**
오케이 쌩큐 휘 콜링

📧 전화하시는 분은 누구시죠?
**Who's calling, please?**
후즈 콜링 플리즈

# 153
## 365

슬픔과 우울함을
위로할 때

🥤 내가 당신 옆에서 돌봐 줄게요.
**I'll stick by you.**
아윌 스틱 바이 유

🥤 너무 우울해하지 마.
**Don't get too down.**
돈 겟 투 다운

🥤 기운 내.
**Cheer up.**
취어럽

🥤 너는 이겨낼 거야.
**You'll get through this.**
유윌 겟 쓰루 디스

🥤 슬픔에 굴복해서는 안 돼요.
**Don't give way to grief.**
돈 깁 웨이 투 그립ㅎ

🥤 잠을 자고 슬픔을 잊어버리세요.
**Sleep off your sorrow.**
슬립 옾 유어 쎄로우

### 전화가 걸려
### 왔을 때

✉ 전화 왔습니다.
**There's a call for you.**
데얼즈 어 콜 훠 유

✉ 전화는 제가 받을게요.
**I'll cover the phones.**
아윌 커버 더 폰즈

✉ 전화한 사람이 누구예요?
**Who was that on the telephone?**
후 워즈 댓 온 더 텔러폰

✉ 전화 좀 받아 주세요.
**Please answer the phone.**
플리즈 앤써 더 폰

✉ 전화 좀 받아 주실래요?
**Would you get that phone, please?**
우쥬 겟 댓 폰 플리즈

# 154

## 365

### 놀랐을 때

🥤 저런, 세상에!
**Oh, my God!**
오 마이 갓

🥤 하느님 맙소사!
**My goodness!**
마이 굳니스

🥤 말도 안 돼!
**No way!**
노 웨이

🥤 아차!
**Oh, dear!**
오 디어

🥤 어머나!
**Good God!**
굳 갓

전화를 걸 때

✉ 거기가 701-6363입니까?
**Is this 701-6363?**
이즈 디스 쎄븐지로원 씩스쓰리씩스쓰리

✉ 여보세요! 저는 김인데요.
**Hello! This is Mr. Kim speaking.**
헬로우 디스 이즈 미스터 김 스피킹

✉ 서울의 토니 장입니다.
**This is Tony Chang from Seoul.**
디스 이즈 토니 장 흐롬 서울

✉ 김 씨 계세요?
**Is Mr. Kim in?**
이즈 미스터 김 인

✉ 여보세요, 브라운 씨입니까?
**Hello, Ms. Brown?**
헬로우 미즈 브라운

✉ 김 씨 거기에 있습니까?
**Is Mr. Kim there?**
이즈 미스터 김 데어

놀람을 진정시킬
때

🗑 놀랐니?
**Are you surprised?**
아 유 써프라이즈드

🗑 진정해.
**Calm down.**
캄 다운

🗑 놀라지 마세요.
**Don't alarm yourself.**
돈 얼람 유어쎌ㅎ

🗑 전혀 놀랄 것 없어요.
**There's no cause for alarm.**
데얼즈 노 커즈 훠 알람

🗑 놀랄 것까지는 없어요.
**This is hardly a cause for surprise.**
디스 이즈 하들리 어 커즈 훠 써프라이즈

🗑 앉아서 긴장을 푸는 게 좋겠어요.
**You'd better go sit down and relax.**
유드 베러 고 씻 다운 앤 릴렉스

📩 전화를 사용해도 될까요?
## May I use your phone?
메이 아이 유즈 유어 폰

📩 공중전화는 어디에 있습니까?
## Can you tell me where the pay telephone is?
캔 유 텔 미 웨어 더 페이 텔러폰 이즈

📩 이 전화로 시외전화를 할 수 있습니까?
## Can I make a long distance call from this phone?
캔 아이 메이커 롱 디스턴스 콜 흐롬 디스 폰

📩 전화번호부가 있습니까?
## Do you have a telephone directory?
두 유 해버 텔러폰 디렉토리

📩 전화를 걸어 주시겠습니까?
## Could you call me, please?
쿠쥬 콜 미 플리즈

믿기 힘든 경우에

🥤 정말?
**Really?**
뤼리

🥤 믿을 수 없어!
**That's incredible!**
댓츠 인크레더블

🥤 설마, 믿을 수 없어.
**No! I can't believe it.**
노 아이 캔트 빌리브 잇

🥤 농담하시는 건가요?
**Are you kidding?**
아 유 키딩

🥤 진정인가요?
**Are you serious?**
아 유 씨어리어스

🥤 그것은 금시초문인데요.
**That's news to me.**
댓츠 뉴스 투 미

# 210
## 365

계산할 때

📩 어디서 계산하나요?
### Where shall I pay the bill?
웨어 쉘 아이 페이 더 빌

📩 계산해 주세요.
### Bill, please.
빌 플리즈

📩 전부해서 얼마입니까?
### How much is it altogether?
하우 머취 이짓 얼투게더

📩 따로 지불하고 싶은데요.
### Separate checks, please.
쎄퍼레잇 첵스 플리즈

📩 계산이 틀린 것 같습니다.
### I'm afraid the check is wrong.
아임 어흐레이드 더 첵 이즈 롱

📩 영수증을 주세요.
### May I have the receipt, please?
메이 아이 햅 더 리씻 플리즈

🥛 무서워요.
**I'm scared.**
아임 스케얼드

🥛 으스스한데요.
**It's scary.**
잇츠 스케어리

🥛 그 생각만 하면 무서워요.
**I dread the thought of that.**
아이 드레드 더 쏱 어브 댓

🥛 등골에 땀이 나요.
**I have perspiration on my back.**
아이 햅 퍼스퍼레이션 온 마이 백

🥛 정말 무서운 영화였어.
**That was a really scary movie.**
댓 워져 륄리 스케어리 무비

🥛 그것 때문에 소름이 끼쳤어요.
**That gave me the creeps.**
댓 게이브 미 더 크립스

건배를 할 때

✉ 건배합시다!
### Let's have a toast!
렛츠 해버 토슷ㅌ

✉ 건배!
### Cheers!
취얼스

✉ 당신을 위하여! 건배!
### Here's to you! Cheers!
히얼스 투 유 취얼스

✉ 건배!(행운을 빕니다!)
### Happy landings!
해피 랜딩ㅅ

✉ 우리들의 건강을 위해!
### To our health!
투 아우어 헬쓰

✉ 여러분 모두의 행복을 위해!
### To happiness for all of you!
투 해피니즈 훠 얼 어뷰

걱정이 있는지
물을 때

🥤 무슨 일이지요?
**What's the matter with you?**
왓츠 더 매러 위듀

🥤 뭐 잘못됐나요?
**Is anything wrong?**
이즈 애니씽 롱

🥤 잘못된 일이라도 있나요?
**Is something wrong with you?**
이즈 썸씽 롱 위듀

🥤 무슨 일이야?
**What's the problem?**
왓츠 더 프라블럼

🥤 무슨 일로 걱정하세요?
**What's your worry?**
왓츠 유어 워리

술을 권할 때

✉ 술 한잔하시겠어요?
**Would you care for a drink?**
우쥬 케어 훠 러 드링크

✉ 오늘 밤 한잔하시죠?
**How about having a drink tonight?**
하우 어바웃 해빙 어 드링크 투나잇

✉ 한잔 사고 싶은데요.
**Let me buy you a drink.**
렛 미 바이 유 어 드링크

✉ 술 마시는 걸 좋아하세요?
**Do you like to drink?**
두 유 라익 투 드링크

✉ 저희 집에 가서 한잔합시다.
**Let's go have a drink at my place.**
렛츠 고우 해버 드링크 앳 마이 플레이스

✉ 술은 어때요?
**How about something hard?**
하우 어바웃 썸씽 할드

걱정스러울 때

🥤 저는 이제 어떡하죠?
**What shall I do now?**
왓 쉘 아이 두 나우

🥤 그녀가 안 오면 어떡하죠?
**What if she doesn't come?**
와리프 쉬 더즌 컴

🥤 어젯밤에 당신 걱정이 돼서 잠을 못 잤어요.
**I lost sleep because of your troubles last night.**
아이 라스트 슬립 비코즈 어뷰어 트러블즈 라슷 나잇

🥤 오늘은 어쩐지 기분이 이상해요.
**I'm feeling out of it today.**
아임 휠링 아웃 어빗 투데이

🥤 말 못할 사정이 있어요.
**I've got something on my chest.**
아이브 갓 썸씽 온 마이 체슷트

🥤 이제는 어쩔 수 없어요.
**I'm burnt out.**
아임 번 아웃

차를 마실 때

📩 저녁 식사 후에 커피를 마시겠습니다.

# I'll have coffee after dinner.

아월 햅 커피 애흐터 디너

📩 커피와 홍차 중 어느 쪽이 좋으십니까?

# Which would you prefer, tea or coffee?

위치 우쥬 프리훠 티 오어 커피

📩 커피에 설탕이나 크림을 넣어 드릴까요?

**How would you like your coffee, with sugar or cream?**

하우 우쥬 라이큐어 커피 위드 슈거 오어 크림

📩 커피를 좀 더 드시겠습니까?

# Would you like some more coffee?

우쥬 라익 썸 모어 커피

📩 크림과 설탕을 넣어 주십시오.

**With cream and sugar, please.**

위드 크림 앤 슈거 플리즈

📩 크림만 넣어 주십시오.

# Just cream, please.

저슷ㅌ 크림 플리즈

**160**

---

**365**

걱정하지 말라고
할 때

---

🥤 걱정하지 마세요.
# Don't worry.
돈 워리

🥤 걱정할 것 없어요.
# You have nothing to worry about.
유 햅 나씽 투 워리 어바웃

🥤 너무 걱정 마세요. 다 잘될 거예요.
# Don't worry so. Everything will be all right.
돈 워리 쏘 에브리씽 윌 비 올 롸잇

🥤 결과에 대해서 걱정하지 마세요.
# Don't worry about the results.
돈 워리 어바웃 더 리절츠

🥤 그런 사소한 일로 걱정하지 마세요.
# Don't worry over such a trifle.
돈 워리 오버 써춰 트라이흘

🥤 너무 심각하게 받아들이지 마세요.
# Don't take it seriously.
돈 테이킷 씨어리어슬리

식사를 마칠 때

✉ 잘 먹었습니다.
**I've had enough.**
아이브 해드 이넢ㅎ

✉ 잘 먹었습니다, 감사합니다.
**I'm satisfied, thank you.**
아임 쌔디스화이드, 쌩큐

✉ 배가 부릅니다.
**I'm full.**
아임 훌

✉ 훌륭한 식사였습니다.
**That was an excellent dinner.**
댓 워젼 엑설런트 디너

✉ 정말 맛있는 저녁을 먹었습니다.
**I thoroughly enjoyed that dinner.**
아이 쓰롤리 인죠이드 댓 디너

✉ 저녁 식사 아주 맛있게 먹었습니다.
**I enjoyed the dinner very much.**
아이 인죠이드 더 디너 베리 머취

긴장하거나
초조할 때

🥤 난 지금 좀 긴장돼.
**I'm a little nervous right now.**
아임 어 리를 널버스 롸잇 나우

🥤 왜 손톱을 물어뜯고 있니?
**Why are you chewing your fingernails?**
와이 아 유 츄잉 유어 휑거네일즈

🥤 나는 마음이 조마조마해.
**I've got butterflies in my stomach.**
아이브 갓 버터흘라이즈 인 마이 스토먹크

🥤 나 좀 봐. 무릎이 덜덜 떨려.
**Look at me. My knees are shaking.**
루켓 미. 마이 니즈 아 쉐이킹

🥤 난 너무 걱정이 돼서 안절부절 못하겠어.
**I'm so anxious I feel like I have ants in my pants.**
아임 쏘 앵셔스 아이 휠 라익 아이 햅 앤츠 인 마이 팬츠

🥤 너무 불안하다.
**I'm so restless.**
아임 쏘 레스틀리스

식사를 할 때

✉ 식사 전에 손을 씻어라.
**Wash your hands before eating.**
워시 유어 핸즈 비훠 이링

✉ 저녁으로 불고기를 마련했습니다.
**We're having bulgogi for dinner.**
위어 해빙 불고기 훠 디너

✉ 마음껏 드십시오.
**Please help yourself.**
플리즈 헬표 유어쎌흐

✉ 고기를 좀 더 드시겠어요?
**Care for some more meat?**
케어 훠 썸 모어 밑

✉ 좋아하지 않으신다면 남기십시오.
**If you don't like it, just leave it.**
이퓨 돈 라이킷, 저슷 리빗

✉ 필요한 게 있으시면 말씀해 주십시오.
**Let me know if you need anything.**
렛 미 노우 이퓨 니드 애니씽

# 162
## 365

긴장과 초조함을
진정시킬 때

앉아서 긴장을 푸는 게 좋겠어.
**You'd better go sit down and relax.**
유드 베러 고 씻 다운 앤 릴렉스

여러분, 침착하세요. 놀랄 거 없어요.
**Relax, everyone. There's no cause for alarm.**
릴렉스 에브리원 데얼즈 노 커즈 휘 얼람

숨을 깊이 들이쉬세요.
**Take a deep breath.**
테이커 딥 브레쓰

긴장을 풀어 봐.
**Calm your nerves.**
컴 유어 널브스

그렇게 긴장하지 마.
**Try not to be so nervous.**
트라이 낫 투 비 쏘 널버스

그렇게 긴장할 이유가 없어요. 긴장을 풀어요.
**There's no reason to be so uptight. Relax.**
데얼즈 노 리즌 투 비 쏘 업타잇트 릴렉쓰

대접할 때

✉ 자 갑시다! 제가 살게요.
**Come on! It's on me.**
컴 온 잇츠 온 미

✉ 제가 점심을 대접하겠습니다.
**Let me treat you to lunch.**
렛 미 트릿트 유 투 런치

✉ 걱정 마, 내가 살게.
**Don't worry about it. I'll get it.**
돈 워리 어바우릿. 아윌 게릿

✉ 오늘 저녁을 제가 사겠습니다.
**Let me take you to dinner tonight.**
렛 미 테익 유 투 디너 투나잇

✉ 제가 한잔 사겠습니다.
**I'll treat you to a drink.**
아윌 트릿트 유 투 어 드링크

✉ 제가 접대하게 해 주십시오.
**Please be my guest.**
플리즈 비 마이 게슷트

귀찮을 때

🥤 아, 귀찮아.
**Oh, bother!**
오 바더

🥤 정말 귀찮군.
**What a nuisance!**
와러 뉴쓴스

🥤 누굴 죽일 생각이세요?
**Do you want to see me dead?**
두 유 원 투 씨 미 데드

🥤 당신은 참 짜증나게 하는군요.
**You're very trying.**
유어 베리 트라잉

🥤 또 시작이군.
**Here we go again.**
히어 위 고 어겐

식사를 제의할
때

📧 우리 점심 식사나 같이할까요?
## Shall we have lunch together?
셸 위 햅 런치 투게더

📧 저녁 식사 같이하시겠어요?
## Would you join me for dinner today?
우쥬 조인 미 훠 디너 투데이

📧 저녁 식사하러 오세요.
## Come on, dinner's ready.
컴 온, 디널스 뤠디

📧 오늘 저녁에 외식하자.
## Let's eat out tonight.
렛츠 이다웃 투나잇

📧 같이 식사를 할 수 있도록 일찍 오세요.
## Come home early, so that we can eat dinner together.
컴 홈 얼리, 쏘 댓 위 캔 잇 디너 투게더

지겹고 지루할 때

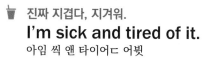

🥛 진짜 지겹다, 지겨워.
## I'm sick and tired of it.
아임 씩 앤 타이어드 어빗

🥛 하는 일에 싫증나지 않으세요?
## Aren't you tired of your job?
안츄 타이어 어뷰어 잡

🥛 이젠 일에 싫증이 나요.
## I'm tired of my work.
아임 타이어드 어브 마이 웍

🥛 따분하죠, 그렇죠?
## It's boring, isn't it?
잇츠 보링 이즌 잇

🥛 지루해 죽겠어요.
## Time hangs heavy on my hands.
타임 행즈 헤비 온 마이 핸즈

🥛 그건 생각만 해도 지긋지긋해요.
## It makes me sick even to think of it.
잇 메익스 미 씩 이븐 투 씽커빗

주인으로서의
작별 인사

📧 방문해 주셔서 고맙습니다.
## Thank you for coming.
쌩큐 훠 커밍

📧 지금 가신다는 말입니까?
## Do you mean you're going now?
두 유 민 유어 고잉 나우

📧 저녁 드시고 가시지 않으시겠어요?
## Won't you stay for dinner?
원 츄 스테이 훠 디너

📧 오늘 밤 재미있었어요?
## Did you have fun tonight?
디쥬 햅 훤 투나잇

📧 오늘 즐거우셨어요?
## Did you have a good time today?
디쥬 해버 굳 타임 투데이

📧 다시 만날 수 있을까요?
## Can we meet again?
캔 위 밋 어겐

# 165/365

**불평할 때**

- 당신 또 불평이군요.
  ## You're always complaining.
  유어 얼웨이즈 컴플레이닝

- 무엇을 불평하고 계십니까?
  ## What are you complaining about?
  와라유 컴플레이닝 어바웃

- 너무 투덜거리지 마!
  ## Don't whine so much!
  돈 와인 쏘 머취

- 너무 그러지 마.
  ## Why don't you give it a rest?
  와이 돈츄 기빗 어 뤠슷트

- 불평불만 좀 그만해.
  ## Quit your bitching and moaning.
  큇 유어 비칭 앤 모닝

- 이제 그만 좀 불평해.
  ## Keep your complaints to yourself.
  킵 유어 컴플레인츠 투 유어쎌흐

# 201
## 365

방문을 마칠 때

📨 가 봐야겠어요.
**I guess I'll leave.**
아이 게스 아윌 리브

📨 떠나려고 하니 아쉽습니다.
**I'm sorry that I have to go.**
아임 쏘리 댓 아이 햅 투 고

📨 그럼, 저 가 볼게요.
**Well, I'd better be on my way.**
웰 아이드 베러 비 온 마이 웨이

📨 가 봐야 할 것 같네요.
**(I'm afraid) I have to go now.**
(아임 어흐레이드) 아이 햅 투 고 나우

📨 이제 일어서는 게 좋을 것 같네요.
**I'm afraid I'd better be leaving.**
아임 어흐레이드 아이드 베러 비 리빙

📨 너무 늦은 것 같군요.
**I'm afraid I stayed too long.**
아임 어흐레이드 아이 스테이드 투 롱

아쉬워할 때

🥤 당신에게 그걸 보여 주고 싶었는데요.
**You should have been there to see it.**
유 슈드 햅 빈 데어 투 씨 잇

🥤 정말 집이 그리워.
**I really miss home.**
아이 륄리 미스 홈

🥤 그 사람이 실패하다니 정말 안됐군요.
**It is a great pity that he failed.**
잇 이져 그뤠잇 피리 댓 히 훼일드

🥤 그건 피할 수도 있었는데.
**That could have been avoided.**
댓 쿠드 햅 빈 어보이디드

🥤 영어공부를 좀 열심히 했더라면 좋았을 텐데.
**I wish I had studied English harder.**
아이 위시 아이 해드 스터디드 잉글리쉬 하더

방문객을 대접할
때

✉ 뭐 좀 마시겠습니까?
## Would you like something to drink?
우쥬 라익 썸씽 투 드링크

✉ 과자라도 드십시오.
## Please help yourself to the cookies.
플리즈 헬프 유어쎌ㅎ 투 더 쿠키즈

✉ 케이크를 좀 더 드시겠습니까?
## Would you like some more cake?
우쥬 라익 썸 모어 케익

✉ 저녁식사로 불고기를 준비하고 있습니다.
## We're having bulgogi for dinner.
위어 해빙 불고기 풔 디너

✉ 저녁식사 준비가 되었습니다.
## Dinner is ready.
디너 이즈 뤠디

✉ 자, 드십시오.
## Please help yourself.
플리즈 헬프 유어쎌ㅎ

## 후회할 때

🥤 그에게 사과했어야 하는 건데.

**I would have apologized to him.**

아이 우드 햅 어폴로자이즈 투 힘

🥤 일을 저질러 놓고 보니 후회가 막심해요.

**I feel awfully sorry for what I have done.**

아이 휠 어휠리 쏘리 휘 와라이 햅 던

🥤 언젠가는 후회할 겁니다.

**Someday you'll be sorry.**

썸데이 유윌 비 쏘리

🥤 나는 후회가 많이 남는다.

**I have so many regrets.**

아이 햅 쏘 매니 리그뤳츠

🥤 이젠 너무 늦었어.

**It's too late now.**

잇츠 투 레잇 나우

🥤 난 후회하지 않아.

**I don't have any regrets.**

아이 돈 햅 애니 리그뤳츠

**현관에서**

✉ 우리를 초대해 주어서 고맙습니다.
**Thank you for inviting us.**
쌩큐 훠 인바이링 어스

✉ 여기 조그만 선물입니다.
**Here's something for you.**
히얼즈 썸씽 훠 유

✉ 어서 들어오십시오.
**Please come in.**
플리즈 커민

✉ 잘 오셨습니다.
**It was so nice of you to come.**
잇 워즈 쏘 나이스 어뷰 투 컴

✉ 이쪽으로 오시죠.
**Why don't you come this way?**
와이 돈츄 컴 디스 웨이

실망스러울 때

🥤 참 실망스럽군!
## What a disappointment!
와러 디써포인트먼트

🥤 참 안됐군!
## What a pity!
와러 피리

🥤 그거 정말 실망스러운 일인데요.
## That's very disappointing, (I must say).
댓츠 베리 디써포인팅 (아이 머슷 쎄이)

🥤 실망이야. 그 전시회를 정말 보고 싶었는데.
### I am disappointed. I really wanted to see the exhibition.
아이 앰 디써포인티드 아이 륄리 원티드 투 씨 더 익써비션

🥤 나를 실망시키지 마세요.
## Don't let me down.
돈 렛 미 다운

🥤 전 실망했습니다.
## I'm disappointed.
아임 디써포인티드

초대에 응할 수
없을 때

✉ 죄송하지만, 그럴 수 없습니다.
**I'm sorry, but I can't.**
아임 쏘리 벗 아이 캔트

✉ 죄송하지만, 그럴 수 없을 것 같군요.
**I'm sorry, but I don't think I can.**
아임 쏘리 벗 아이 돈 씽크 아이 캔

✉ 죄송하지만, 해야 할 일이 있습니다.
**Sorry, but I have some work to do.**
쏘리 벗 아이 햅 썸 웍 투 두

✉ 유감스럽지만 안 될 것 같군요.
**I'm afraid not.**
아임 어흐레이드 낫

✉ 그럴 수 있다면 좋겠군요.
**I wish I could.**
아이 위시 아이 쿠드

✉ 그러고 싶지만 오늘 밤은 이미 계획이 있습니다.
**I'd love to, but I already have plans tonight.**
아이드 럽 투 벗 아이 얼레디 햅 플랜스 투나잇

## 낙담할 때

🥤 낙담하지 마세요.

### Never say die.
네버 쎄이 다이

🥤 낙담하지 마라, 기운을 내라.

### Keep your chin up.
킵 유어 취넙

🥤 그렇게 낙담하지 말게.

### Don't be so down.
돈 비 쏘 다운

🥤 오죽이나 낙담했겠니.

### I can well imagine your disappointment.
아이 캔 웰 이매진 유어 디써포인트먼트

🥤 그 소식에 우리는 낙담했어.

### The news depressed us.
더 뉴스 디프레스더스

🥤 그는 시험에 떨어져서 낙담하고 있어.

### He is discouraged by his failure in the examination.
히 이즈 디스커리지드 바이 히즈 훼일류어 인 디 이그재미네이션

초대에 응할 때

📧 예, 좋습니다.
**Yes, with pleasure.**
예스 위드 플레져

📧 좋은 생각이에요.
**That's a good idea.**
댓쳐 굿 아이디어

📧 기꺼이 그렇게 하겠습니다.
**I'd be happy to.**
아이드 비 해피 투

📧 그거 아주 좋겠는데요.
**That sounds great.**
댓 사운즈 그뤠잇트

📧 멋진데요.
**Sounds good.**
사운즈 굿

📧 저는 좋습니다.
**That's fine with me.**
댓츠 화인 위드 미

유감스러울 때

🥤 대단히 유감입니다.
## I am frightfully sorry.
아이 앰 후라잇훌리 쏘리

🥤 참으로 유감천만입니다.
## I'm more than unhappy about it.
아임 모어 댄 언해피 어바우릿

🥤 유감스럽지만, 찬성합니다.
## I hate to say it, but I agree.
아이 헤잇 투 쎄잇 벗 아이 어그뤼

🥤 유감스럽지만, 당신에게 동의할 수 없습니다.
## I'm afraid I can't agree with you.
아임 어흐레이드 아이 캔트 어그뤼 위듀

🥤 유감스럽지만, 안 될 것 같군요.
## I'm afraid not.
아임 어흐레이드 낫

🥤 유감스럽지만, 그건 사실입니다.
## It is only too true.
잇 이즈 온리 투 트루

초대할 때

📨 놀러 오십시오.
**Come and see me.**
컴 앤 씨 미

📨 언제 한번 들러 주시지 않겠습니까?
**Why don't you drop in sometime?**
와이 돈츄 드롸빈 썸타임

📨 파티에 오시지 그러세요?
**Why don't you come to the party?**
와이 돈츄 컴 투 더 파리

📨 제 생일 파티에 당신을 초대하고 싶습니다.
**I'd like to invite you to my birthday.**
아이드 라익 투 인바잇츄 투 마이 벌쓰데이

📨 당신을 초대해 저녁식사를 하고 싶습니다.
**I'd like to invite you to dinner.**
아이드 라익 투 인바잇츄 투 디너

비난할 때

🥤 창피한 줄 아세요.
## Shame on you.
쉐임 온 유

🥤 당신 정신 나갔어요?
## Have you lost your mind?
해뷰 로스트 유어 마인드

🥤 당신은 바보로군요.
## You're an idiot.
유어 런 이디엇트

🥤 당신 미쳤군요.
## You're insane.
유어 인쎄인

🥤 왜 이런 식으로 행동하죠?
## Why are you acting this way?
와이 아 유 액팅 디스 웨이

## 기타 약속에 관한 표현

📧 새끼손가락 걸고 약속하자.
**Let's pinky-swear.**
렛츠 핑키 스웨어

📧 나는 약속을 잘 지키는 사람이야.
**I am as good as my word.**
아이 앰 애즈 굳 애즈 마이 워드

📧 약속 어기지 마라.
**Don't break your promise.**
돈 브레익ㅋ 유어 프라미스

📧 너는 무슨 일이 있어도 약속을 지켜야 한다.
**You must keep your promise at all costs.**
츄 머슷 킵 유어 프라미스 앳 올 코슷c

📧 약속합시다, 날짜를 정합시다.
**Let's make a pledge.**
렛츠 메이커 플리지

📧 기다리게 해서 죄송합니다.
**Sorry to have kept you waiting.**
쏘리 투 햅 켑츄 웨이링

말싸움을 할 때

너 내 말대로 해!
### You heard me!
유 헐 미

이봐요! 목소리 좀 낮춰요!
### Hey! Keep your voice down!
헤이! 킵 유어 보이스 다운

바보 같은 소리 하지 마세요.
### Don't be silly.
돈 비 씰리

당신한테 따질 게 있어요.
### I've got a score to settle with you.
아이브 가러 스코어 투 쎄를 위듀

너 두고 보자.
### You won't get away with this.
유 원 게러웨이 윗 디스

내가 뭐가 틀렸다는 거야?
### How am I at fault?
하우 앰 아이 앳 훨트

# 194
## 365

약속을 취소할 때

✉ 약속을 취소해야겠어요.
**I have to cancel.**
아이 햅 투 캔슬

✉ 약속을 지키지 못한 걸 용서해 주세요.
**Please forgive me for breaking my promise.**
플리즈 휘깁 미 휘 브레이킹 마이 프라미스

✉ 약속에 못 나갈 것 같아요.
**I'm not going to be able to make it.**
아임 낫 고잉 투 비 에이블 투 메이킷

✉ 약속을 취소해도 될까요?
**Can I call off the appointment?**
캔 아이 콜 엎 더 어포인트먼트

✉ 사정이 생겨서 내일 찾아 뵐 수 없게 되었습니다.
**A problem has come up, and I can't come to see you tomorrow.**
어 프라블럼 해즈 컴 엎 앤 아이 캔트 컴 투 씨 유 투마로우

✉ 우리 약속시간을 변경할 수 있나요?
**Can we reschedule our appointment?**
캔 위 리스케쥴 아우어 어포인트먼트

## 욕설할 때

🥤 제기랄!
### Damn it!
대밋

🥤 개새끼!
### Son of a bitch!
썬 어버 비취

🥤 엿 먹어라!
### Bull shit!
뻘 쒯트

🥤 빌어먹을!
### Devil take it!
데블 테이킷

🥤 야, 이 놈(년)아!
### Fuck you!
훽 유

🥤 저런 바보 같으니!
### That fool!
댓 훌

### 약속을 변경할 때

✉ 한 시간만 뒤로 미룹시다.
**Let's push it back an hour.**
렛츠 푸쉬 잇 배건 아우어

✉ 다음 기회로 미뤄도 될까요?
**Can I take a rain check?**
캔 아이 테이커 뤠인 췍

✉ 다음으로 미룹시다.
**Let's make it some other time.**
렛츠 메이킷 썸 아더 타임

✉ 약속시간을 좀 당기면 어떨까요?
**Why don't you make it a little earlier?**
와이 돈츄 메이킷 어 리를 얼리어

✉ 제 약속을 연기해야겠습니다.
**I have to postpone my appointment.**
아이 햅 투 포스트폰 마이 어포인트먼트

✉ 우리 약속 장소 바꿀 수 있을까요?
**Can we change the place of our appointment?**
캔 위 체인지 더 플레이스 업 아워 어포인트먼트

책망할 때

- 다시는 절대 그러지 말게나.
**You'll never do that again.**
유월 네버 두 댓 어겐

- 그런 법이 어디 있어요?
**How did you get that way?**
하우 디쥬 겟 댓 웨이

- 행동으로 옮기든지, 입 다물고 있든지 해!
**Put up or shut up!**
푸럽 오어 셔럽

- 너희들 나머지도 다 마찬가지야.
**The same goes for the rest of you.**
더 쎄임 고우즈 훠 더 뤠슷트 어뷰

- 당신 정신 나갔어요?
**Are you out of your mind?**
아 유 아웃 어뷰어 마인드

- 그런 식으로 말하지 마세요.
**Don't talk to me like that.**
돈 톡 투 미 라익 댓

약속 제안을
거절할 때

✉️ 미안해요, 제가 오늘 좀 바빠서요.

**I'm sorry, I'm a little busy today.**

아임 쏘리 아이머 리를 비지 투데이

✉️ 오늘 손님이 오기로 돼 있어요.

**I'm expecting visitors today.**

아임 익스펙팅 비짓터스 투데이

✉️ 미안해요, 제가 오늘은 스케줄이 꽉 차 있어요.

**I'm sorry, I'm booked up today.**

아임 쏘리 아임 북트 업 투데이

✉️ 선약이 있습니다.

**I have an appointment.**

아이 해번 어포인트먼트

✉️ 죄송한데 다른 약속이 있습니다.

**I'm sorry I have another appointment.**

아임 쏘리 아이 햅 어나더 어포인트먼트

✉️ 정말 죄송합니다! 선약이 있습니다.

**Oh, what a shame! We have a previous engagement.**

오 와러 쉐임 위 해버 프리비어스 인게이지먼트

화해할 때

흥분하지 마세요.
**Don't get excited.**
돈 겟 익싸이티드

이제 됐어요!
**Enough of this!**
이넢 휘브 디스

싸움을 말리지 그랬어요?
**Why didn't you break up the fight?**
와이 디든츄 브레익컵 더 화잇트

진정하세요.
**Keep your shirt on.**
킵 유어 셜츠온

두 사람 화해하세요.
**Why don't you guys just make up?**
와이 돈츄 가이즈 저슷 메이컵

그 일은 잊어버리세요.
**Forget about it.**
휘겟 어바우릿

약속 제안에
승낙할 때

✉ 좋아요, 시간 괜찮아요.
**Yeah, I'm free.**
예 아임 후리

✉ 이번 주말엔 별다른 계획이 없어요.
**I have no particular plans for this weekend.**
아이 햅 노 퍼티큘러 플랜스 훠 디스 위켄드

✉ 어느 정도 시간을 주시겠습니까?
**How long could you give me?**
하우 롱 쿠쥬 깁 미

✉ 감사합니다. 그 시간에 그곳으로 가겠습니다.
**Thanks. I'll be there then.**
쌩즈 아윌 비 데어 덴

✉ 그럼 그때 만납시다. 안녕.
**See you then. Bye.**
씨 유 덴 바이

감탄의 기분을
나타낼 때

🥤 와, 정말 아름답네요!

**Wow, beautiful!**

와우 뷰티훌

🥤 경치가 멋지네요!

**What a lovely view!**

와러 러블리 뷰

🥤 맛있네요!

**Good!**

굳

🥤 잘했어요!

**Good job!**

굳 잡

🥤 재미있네요!

**How interesting!**

하우 인터뤠스팅

약속 장소를
정할 때

✉ 어디서 만날까요?
**Where should we make it?**
웨어 슈드 위 메이킷

✉ 어디서 만나기로 할까요?
**Where can you make it?**
웨어 캔 유 메이킷

✉ 거기가 만나기에 괜찮은 곳이네요.
**That's a good place to get together.**
댓츠 어 굿 플레이스 투 겟 투게더

✉ 당신을 방문할까요?
**Shall I call on you?**
쉘 아이 콜 온 유

✉ 이곳으로 올 수 있습니까?
**Can you come here?**
캔 유 컴 히어

✉ 당신이 하자는 대로 할게요.
**It's up to you.**
잇츠 업 투 유

칭찬할 때

🥤 대단하군요!
### Great!
그뤠잇트

🥤 잘하시는군요!
### You're doing well!
유어 두잉 웰

🥤 정말 훌륭하군요!
### How marvelous!
하우 마블러스

🥤 잘한다!
### Good man!
굳 맨

🥤 당신이 최고예요!
### You're the best!
유어 더 베슷트

🥤 당신 평판이 대단하던데요.
### Your reputation precedes you.
유어 레퓨테이션 프리씨쥬

약속 시간과
날짜를 정할 때

📧 몇 시로 했으면 좋겠어요?

**What time is good for you?**

왓 타임 이즈 굿 휘 유

📧 몇 시로 약속하겠습니까?

**What time shall we make it?**

왓 타임 쉘 위 메이킷

📧 3시는 괜찮겠습니까?

**Is three o'clock OK for you?**

이즈 쓰리 어클락 오케이 휘 유

📧 언제 만나면 될까요?

**When can we meet?**

웬 캔 위 밋

📧 언제가 가장 좋을까요?

**What day suits you best?**

왓 데이 숫 츄 베슷트

📧 화요일이라면 괜찮으십니까?

**Would Tuesday be all right?**

우드 튜즈데이 비 올 롸잇

성과를 칭찬할
때

🥤 대단하군요!

**That's great!**

댓츠 그뤠잇트

🥤 잘하셨어요!

**You have done well!**

유 햅 던 웰

🥤 참 잘하셨어요.

**You did a good job.**

유 디더 굳 잡

🥤 나는 당신이 자랑스럽습니다.

**I am very proud of you.**

아이 앰 베리 프라우드 어뷰

🥤 초보로서는 상당히 잘하는군요.

**For a beginner, you're pretty good.**

휘 러 비기너, 유어 프리디 굳

🥤 아주 잘하고 있어요.

**You are coming along well.**

유 아 커밍 얼롱 웰

스케줄을 확인할
때

📧 이번 주 스케줄을 확인해 보겠습니다.
## I'll check my schedule for this week.
아윌 첵 마이 스케쥴 휘 디스 위크

📧 다음 주쯤으로 약속할 수 있습니다.
## I can make it sometime next week.
아이 캔 메이킷 썸타임 넥슷트 위크

📧 그날은 약속이 없습니다.
## I have no engagements that day.
아이 햅 노 인게이지먼츠 댓 데이

📧 오늘 오후는 한가합니다.
## I'm free this afternoon.
아임 흐리 디스 애흐터눈

📧 3시 이후 2시간 정도 시간이 있습니다.
## I'm free for about two hours after 3.
아임 흐리 휘 어바웃 투 아우얼스 애흐터 쓰리

📧 내일은 특별하게 정해 놓은 일이 없습니다.
## I have nothing in particular to do tomorrow.
아이 햅 나씽 인 파티큘러 투 두 투마로우

# 179
## 365

능력을 칭찬할 때

🥤 기억력이 참 좋으시군요.
**You have a very good memory.**
유 해버 베리 굿 메모리

🥤 당신은 모르는 게 없군요.
**You must be a walking encyclopedia.**
유 머슷 비 어 워킹 엔싸이클로피디어

🥤 못하는 게 없으시군요.
**Is there anything you can't do?**
이즈 데어 애니씽 유 캔트 두

🥤 당신의 입장이 부럽습니다.
**I wish I were in your shoes.**
아이 위시 아이 워 인 유어 슈즈

🥤 어떻게 그렇게 영어를 잘하십니까?
**How come you speak such good English?**
하우 컴 유 스픽 써취 굿 잉글리쉬

🥤 영어를 참 잘하시는군요.
**You speak English very well.**
유 스픽 잉글리쉬 베리 웰

약속을 청할 때

✉ 시간 좀 있어요?
### Do you have time?
두 유 햅 타임

✉ 잠깐 만날 수 있을까요?
### Can I see you for a moment?
캔 아이 씨 유 훠 러 모먼트

✉ 내일 한번 만날까요?
### Do you want to get together tomorrow?
두 유 원 투 겟 투게더 투마로우

✉ 언제 한번 만나요.
### Let's get together sometime.
렛츠 겟 투게더 썸타임

✉ 다음 주 편하신 시간에 만날 약속을 하고 싶습니다.
### I'd like to make an appointment to meet you at your convenience next week.
아이드 라익 투 메이컨 어포인트먼트 투 미츄 앳 유어 컨비 년스 넥슷트 윅

# 180
## 365

외모를 칭찬할 때

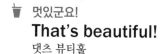

🥤 멋있군요!
### That's beautiful!
댓츠 뷰티홀

🥤 나이에 비해 젊어 보이시는군요.
### You look young for your age.
유 룩 영 훠 유어 에이지

🥤 아이가 참 귀엽군요!
### What a cute baby!
와러 큿 베이비

🥤 당신은 눈이 참 예쁘군요.
### You have beautiful eyes.
유 햅 뷰티홀 아이즈

🥤 어머, 멋있군요!
### Oh, that's cool[sweet/fly]!
오 댓츠 쿨[스윗트/흘라이]

🥤 그거 참 잘 어울립니다.
### You look stunning in it.
유 룩 스터닝 이닛

# 186
---
# 365

싫어하는 것을
말할 때

🥤 나는 춤추는 것을 몹시 싫어합니다.
**I hate to dance.**
아이 헤잇 투 댄스

🥤 나는 이런 종류의 음식이 싫습니다.
**I dislike this kind of food.**
아이 디스라익 디스 카인더브 후드

🥤 나는 파티를 좋아하지 않습니다.
**I don't like parties.**
아이 돈 라익 파티스

🥤 나는 이런 더운 날씨가 참을 수 없을 만큼 싫습니다.
**I can't stand this hot weather.**
아이 캔트 스탠드 디스 핫 웨더

🥤 그다지 좋아하지는 않아요.
**I don't like it very much.**
아이 돈 라이킷 베리 머취

🥤 나는 팝 음악을 싫어해.
**I don't like pop music.**
아이 돈 라익 팝 뮤직

물건을 보고
칭찬할 때

🥤 그거 잘 사셨군요.
**That's a good buy.**
댓쳐 굳 바이

🥤 그거 정말 좋은데요.
**It's so very nice.**
잇츠 쏘 베리 나이스

🥤 정말 근사한데요!
**It's a real beauty!**
잇쳐 뤼얼 뷰리

🥤 멋진 집을 갖고 계시군요.
**You have a lovely home.**
유 해버 러블리 홈

🥤 이거 당신이 직접 짜셨어요?
**Did you knit this (for) yourself?**
디쥬 닛 디스 (휘) 유어쎌ㅎ

# 185
## 365

좋아하는 것을 말할 때

🥤 나는 음악 비디오를 굉장히 좋아합니다.
**I like music videos a lot.**
아이 라익 뮤직 비디오ㅅ 어 랏

🥤 나는 수영장에서 수영하는 것을 좋아합니다.
**I like swimming in the pool.**
아이 라익 스위밍 인 더 풀

🥤 나는 춤추러 가는 것을 좋아합니다.
**I love to go dancing.**
아이 럽 투 고 댄싱

🥤 나는 음악을 좋아합니다.
**I love music.**
아이 럽 뮤직

🥤 그는 내가 특히 좋아하는 사람 중의 한 사람입니다.
**He's one of my favorites.**
히즈 워너브 마이 훼이버릿츠

🥤 나는 비디오게임에 열광적입니다.
**I'm crazy about video games.**
아임 크레이지 어바웃 비디오 게임ㅅ

# 182
## 365

### 칭찬에 대해
### 응답할 때

🥤 칭찬해 주시니 고맙습니다.
**Thank you, I'm flattered.**
쌩큐 아임 흘래터드

🥤 과찬의 말씀입니다.
**I'm so flattered.**
아임 쏘 흘래터드

🥤 너무 치켜세우지 마세요.
**Please don't sing my praises.**
플리즈 돈 씽 마이 프레이지스

🥤 비행기 태우지 마세요.
**Don't make me blush.**
돈 메익 미 블러쉬

🥤 그렇게 말씀해 주시니 고맙습니다.
**It's very nice of you to say so.**
잇츠 베리 나이스 어뷰 투 쩨이 쏘

🥤 칭찬해 주시니 도리어 부끄럽습니다.
**Your compliments put me to shame.**
유어 컴플러먼츠 풋 미 투 쉐임

좋고 싫음을 물을 때

🍹 어떤 TV프로를 좋아하세요?

## What kind of TV programs do you like?
왓 카인더브 티비 프로그램스 두 유 라익

🍹 어떤 종류의 영화를 좋아하세요?

## What sort of movies do you like?
왓 쏠터브 무비즈 두 유 라익

🍹 재즈를 좋아하세요?

## Do you like jazz?
두 유 라익 째즈

🍹 어느 프로그램을 가장 좋아합니까?

## Which program do you enjoy the most?
위치 프로그램 두 유 인죠이 더 모숫트

🍹 어떤 날씨를 좋아하세요?

## What kind of weather do you like?
왓 카인더브 웨더 두 유 라익

# 183
## 365

부끄러울 때

🥤 부끄러워.
**I'm shy.**
아임 샤이

🥤 나 자신이 부끄러워.
**I'm ashamed of myself.**
아임 어쉐임드 어브 마이쎌흐

🥤 그런 짓을 한 게 부끄럽습니다.
**I'm ashamed that I did that.**
아임 어쉐임드 댓 아이 디드 댓

🥤 창피한 줄 알아요!
**Shame on you!**
쉐임 온 유

🥤 그 말씀을 들으니 얼굴이 붉어집니다.
**You make me blush.**
유 메익 미 블러쉬